Ulrike Puderbach/Ingrid Runkel
Vitaminzwerg und Kräuterkobold

RHEIN
MOSEL
VERLAG

RHEIN-MOSEL-VERLAG
Zell / Mosel
Brandenburg 17, D-56856 Zell / Mosel
Tel 06542 / 5151 Fax 06542 / 61158

ISBN 978-3-89801-369-7
Ausstattung: Stefanie Thur
Titelfoto: arembowski / pixabay.com
Illustrationen: maryna rodyukova / shutterstock.com
Foto Rückseite: Ulrike Puderbach

Ulrike Puderbach
Ingrid Runkel

Vitaminzwerg und Kräuterkobold

Die natürliche Gesundheitspolizei

umdenken
Landeszentrale für Umweltaufklärung
Rheinland-Pfalz

Rhein-Mosel-Verlag

Inhalt

Vorwort

Gesunde Ernährung ist in aller Munde und es ist wichtig, dass »altes« Wissen nicht mit unseren Eltern oder Großeltern ausstirbt, sondern an die nächsten Generationen weitergegeben wird.

Calcium macht die Knochen und die Zähne stark, Ballaststoffe sorgen für den Ausgleich und die gute Konzentration. Proteine geben viel Kraft und sind in pflanzlicher und tierischer Nahrung zu finden. Fett ist nicht gleich Fett und wird für die Aufnahme der fettlöslichen Vitamin A, D, E und K benötigt. Omega 3-Fettsäuren machen schlau.

Wo man diese Sachen findet, warum unser Körper sie so dringend braucht und wie man mit ganz einfachen Mitteln leckere Gerichte zubereitet, das erklären wir in diesem Buch.

Und Kinder, die gelernt haben, leckeres und gesundes Essen zuzubereiten, sind gut darauf vorbereitet, in der Zukunft auf ihren eigenen Beinen zu stehen.

Das Vitamin A und die Augen

Und wieder war ihre Computerfigur erfolgreich über einen Graben gesprungen, hatte das Punktekonto anwachsen lassen. Lea saß wie gebannt vor dem Bildschirm, die Finger ihrer linken Hand flogen über die Tastatur, der rechte Zeigefinger klickte die Maustaste, wenn ihre Figur über ein Hindernis oder einen Graben springen musste.

Ihre Zimmertür öffnete sich und als ihre Mutter hinter ihr stand, drehte Lea sich unwillig um. In diesem Moment stürzte ihre Figur in einen Graben.

»Was ist denn? Musst du dich so anschleichen? Jetzt bin ich abgestürzt und muss das ganze Level noch einmal von vorne beginnen«, fragte sie ihre Mutter vorwurfsvoll.

»Wie lange sitzt du eigentlich schon wieder vor dem Bildschirm?« Die Mutter blickte ihre dreizehnjährige Tochter besorgt an. »Du hast ganz rote Augen, die müssen dir doch schon wehtun.«

»Was weiß ich, wie lange ich hier sitze und meinen Augen geht es gut«, schnappte Lea. Das stimmte nicht, ihre Augen brannten und tränten, aber das würde sie ihrer Mutter auf gar keinen Fall erzählen. Das wäre bloß Wasser auf ihre Mühlen, denn ihre Mutter hielt gar nichts von den Computerspielen. Dabei machten das doch alle in ihrer Klasse und sie wollte kein Außenseiter sein.

»Komm mit in die Küche.« Die Mutter ließ sich nicht aus der Ruhe bringen, sie hatte schon ihre ältere Tochter durch die Pubertät begleitet und kannte die Anzeichen. »Da werden wir dann mal etwas für deine Augen tun.«

»Was soll denn bitte in der Küche sein, was für meine Augen gut ist?« Lea war nicht begeistert, aber sie kannte ihre Mutter gut genug, um zu wissen, dass sie sowieso nicht nachgeben würde. Also trottete sie hinter ihr her in die Küche und hockte sich auf einen der Stühle an der Küchentheke. Die Mutter holte ein Bund Karotten aus der Gemüsekiste und legte ihn vor Lea auf den Tisch.

»Das hier«, sagte sie und in ihrer Stimme schwang ein Hauch von Triumph, als sie in das ratlose Gesicht ihrer Tochter sah.

»Was sollen Möhren bitte mit meinen Augen zu tun haben? Und jetzt komm mir bloß nicht mit dem Spruch, dass Kaninchen keine Brillen haben.«

»Ob das eine mit dem anderen etwas zu tun hat, weiß ich wirklich nicht, aber Tatsache ist, dass Karotten sehr viel Vitamin A enthalten und Vitamin A ist gut für die Sehkraft. Außerdem ist es auch gut für deine Haut«, ergänzte sie, denn sie wusste, dass Lea furchtbar unter ihrer im Moment etwas unreinen Haut litt.

»Ok, also hilft es gegen die Pickel, wenn ich Karotten esse? Dann her damit«, zeigte sich Lea nun doch interessiert.

Die Mutter lachte auf. »Ganz so einfach ist es nicht. Vitamin A ist zwar in den Karotten enthalten, aber so kann der Körper es nicht aufnehmen und verwerten.«

»Dann bringt es doch gar nichts, wenn ich das Grünfutter esse.« Lea wollte schon von ihrem Hocker rutschen.

»Nicht so eilig«, hielt ihre Mutter sie zurück. »Manchmal muss man dem Körper ein wenig auf die Sprünge helfen. Damit der Körper das Vitamin A auch verwerten kann, braucht er einen Transporter. Das ist in diesem Fall das Fett.«

Bei dem Wort Fett rümpfte Lea die Nase. Es erinnerte sie an das Fett am Fleisch, das weiße zähe Gewebe, das sie so gar nicht mochte.

»Also können wir die Möhren entweder mit ein bisschen Butter garen oder wenn du sie lieber roh essen möchtest, machen wir einen Rohkostsalat daraus. Dazu reiben wir die gewaschenen Bio-Möhren, würzen sie mit Salz, Zucker und Zitronensaft, geben noch einen geschnittenen Apfel und ein wenig Sonnenblumenöl hinzu. Schon ist unser Salat fertig.«

Nur eine Viertelstunde später stand der fertige Rohkostsalat auf dem Tisch. Die Mutter holte zwei Glasschalen aus dem Schrank über dem Herd und sie begannen zu essen.

»Der schmeckt richtig gut«, sagte Lea mit noch vollem Mund. »Aber was macht das Vitamin A jetzt mit meinen Augen?«

»Das Vitamin A hat ganz viele wichtige Aufgaben in unserem Körper«, begann die Mutter zu erklären. »Es ist wichtig für das Wachstum und den Aufbau von Knochen, Haut und Schleimhäuten. Es hilft dem Körper, neue rote Blutkörperchen zu schaffen, die dann das Eisen speichern, das wir an vielen Stellen im Körper benötigen. Und weil es unter anderem für die Schleimhäute wichtig ist, unterstützt es auch den Sehvorgang und es hilft dem Körper, Viren, Bakterien und Parasiten abzuwehren. Es trägt zur Reparatur geschädigter Hautzellen bei und hilft so dabei, eine reine Haut zu bekommen. Du siehst also, in diesem einfachen Salat ist eine ganze Menge, was wirklich wichtig für deinen Körper ist. Aber Vitamin A ist nur eins der vielen Vitamine und Nährstoffe, die unser Körper ganz dringend braucht, um gesund und fit zu bleiben. Wer sich also ausgewogen und gesund ernährt, der kann sich viele Arztbesuche und noch mehr Medikamente sparen, denn die Natur hat gegen fast jede Krankheit ein Heilmittel, die nur leider viele Menschen nicht mehr kennen.«

Lea war jetzt doch beeindruckt. Sie hatte nicht nur eine leckere Zwischenmahlzeit gehabt, sondern auch noch eine ganze Menge gelernt. Und auch, wenn sie es ihrer Mutter gegenüber niemals zugeben würde, ihre Augen brannten gar nicht mehr und sie hatte das Computerspielen nicht vermisst.

Rohkostsalat

500 g Bio-Möhren
1 Bio Zitrone
1 TL Honig
2 EL Sonnenblumenöl
Meersalz

Die Möhren schälen und auf der Reibe in feine Streifen reiben. Die Zitrone auspressen und den Saft mit Honig, Meersalz und Öl verrühren und unter die geraspelten Möhren heben.

1 Apfel
in kleine Würfel schneiden
und unterheben.

Für den besonderen Geschmack können auch noch gehackte Walnüsse dazugegeben werden und eventuell noch etwas Sahne.

Zur Dekoration klein geschnittene Petersilie auf den Salat streuen.

B wie B-Vitamine

Nur wenige Tage später stürmte Leas jüngerer Bruder Jan nach der Schule in die Küche. Die Schultasche flog in einem großen Bogen in eine Ecke und noch, bevor die Mutter etwas sagen konnte, platzte der Zehnjährige, der gerade in die fünfte Klasse des Gymnasiums gekommen war, heraus:

»Ich habe mich heute in der Schule für die Koch-AG angemeldet«, verkündete er.

Schweigen in der Küche. Lea und die Mutter machten erstaunte Gesichter und ihre Münder standen offen.

»Jetzt guckt doch nicht, wie Kühe, wenn´s donnert«, sagte Jan. »Die Koch-AG hat mich schon letztes Jahr gereizt, aber in der Grundschule gab es sowas ja nicht«, setzte er mit leicht gequältem Gesichtsausdruck hinzu. Er fand es furchtbar, der jüngste in der Familie zu sein und ließ keine Gelegenheit aus, den anderen das auch zu zeigen.

Lea hatte ihre Fassung wiedergewonnen. »Du und kochen?«, fragte sie mit unverhohlenem Spott in der Stimme.

»Warum denn nicht?«, entgegnete ihr Bruder schnippisch. »Schon mal drüber nachgedacht, dass fast alle Sterneköche Männer sind?«

»Streitet euch nicht«, griff die Mutter ein. »Jeder soll doch das machen, was ihn interessiert und warum sollen Jungs nicht kochen lernen. Ich wünschte, eurem Vater hätte mal jemand das Kochen beigebracht, damals hatten nämlich nur die Mädchen Kochen und Handarbeit in der Schule, während die Jungs in den Werkunterricht durften. Was habt ihr denn heute gemacht?«

»Heute ging es um alles mit B«, erklärte Jan. »Nicht Brokkoli, Birnen und Blumenkohl, was du jetzt denkst«, sagte er mit einem Seitenblick auf seine Schwester, »sondern es ging um das Vitamin B.« Er blickte seine Schwester herausfordernd an. »Du weißt doch immer alles, also schieß mal los. Was kannst du mir über Vitamin B sagen?«

Lea erinnerte sich, über die B-Vitamine hatten sie vor gar nicht so langer Zeit in der Schule gesprochen. »Also es gibt eine Menge B-Vitamine – B1, B12, B2, B3, B5, B6, B7 und B8. B12 ist zum Beispiel unser Nervenschutz und deshalb total wichtig. Dabei brauchen wir gar nicht so viel Vitamin B12, nur 0,003 Milligramm am Tag reichen schon aus. Das blöde an Vitaminen ist aber, dass unser Körper sie nicht speichern kann, deswegen müssen wir jeden Tag die nötige Menge Vitamine aufnehmen. Es reicht also nicht, sich einmal in der Woche mit allen möglichen gesunden Lebensmitteln vollzustopfen, man muss sich schon jeden Tag ausgewogen ernähren.«

Jan hörte interessiert zu. Er passte genau auf, ob Lea auch das sagen würde, was sie heute in der AG gelernt hatten. Und er würde später auf dem Merkblatt nachschauen, das die Lehrerin ihnen gegeben hatte.

»Deine aufgesprungenen Lippen zum Beispiel«, fuhr Lea fort, »die sind ein Zeichen für einen Mangel an Vitamin B2. Das kommt davon, dass du viele Sachen nicht essen magst. Es ist unter anderem in Milch, die du nicht trinkst, und in Gemüse wie Spargel und Spinat, die du auch nicht magst. B2 wird auch Wachstumsvitamin genannt, ist also besonders wichtig für Kinder und Jugendliche, die oft schnell wachsen.«

Jan war beeindruckt. Seine Schwester wusste eine ganze Menge über das Vitamin B. Das hätte er nicht erwartet.

Lea legte jetzt richtig los. »Vitamin B3 ist in Fleisch, Fisch, Hülsenfrüchten, Pilzen, Erdnüssen und Sojabohnen. Es ist ein extrem wichtiges Vitamin für den Stoffwechsel und sorgt dafür, dass sich Haut, Muskeln, Nerven und DNA immer wieder erholen, also regenerieren. Das mit dem Vitamin B5 habe ich in der Schule nicht so richtig verstanden, das klang irgendwie voll kompliziert.«

Jan musste seiner Schwester Recht geben. Die Lehrerin hatte heute auch darüber etwas gesagt, aber das hatte für ihn wie Chinesisch geklungen – irgendetwas mit Enzymen und Cholesterin und so.

»Das mit dem Vitamin B5 ist auch schon eher etwas für Fortgeschrittene«, führte die Mutter Leas Erklärung fort. »Vitamin B5 ist die sogenannte Panthothensäure und die hat gar keine direkte Verwendung im Körper. Trotzdem ist sie sehr wichtig, denn der Körper braucht sie, um das Coenzym A aufzubauen. Das wiederum wird benötigt, um Kohlenhydrate und Fette auf- und abzubauen und es hilft bei der Synthese von Cholesterin. Vitamin B5 kommt insbesondere in Innereien, Vollkornprodukten, Avocado, Reis, Gemüse, Milch und Bierhefe vor.«

»Na lecker«, stöhnte Jan, der diese Lebensmittel alle nicht besonders oder gar nicht mochte. »Da hoffe ich mal nur, dass es das Zeug auch als Lutschbonbons oder Tabletten gibt.«

Die Mutter lachte. »Nein, gibt es nicht, aber ich kann dich beruhigen. Vitamin B5 kommt in allen tierischen und pflanzlichen Lebensmitteln vor, also muss man nicht unbedingt die essen, in denen es besonders vorkommt.«

»Und was ist jetzt mit B6, B7 und B8?«, wollte Jan wissen.

»Darüber reden wir morgen«, entschied die Mutter. »Jetzt kochen wir uns erst einmal etwas zum Abendessen. Ich schlage vor, heute machen wir uns Risi Pisi.«

»Was machen wir?«, fragte Jan skeptisch.

»Lass dich überraschen«, sagte seine Mutter. »Es wird euch schmecken. Und darin sind Vitamin A, B12 und eine Menge Eiweiße.«

Risi Pisi
(Reis mit feinen Erbsen)

250 g Reis
1 Dose Erbsen/200 g TK feine Erbsen
2 EL Butter
Mehl, Curry, Sahne

Den Reis in 2 Liter Salzwasser 12 bis 15 Minuten bei mittlerer Hitze garen, dann abgießen. Das Reiswasser für die Soße aufheben. Die Erbsen unterheben und die Butter dazugeben.

Für die helle Grundsauce Butter zerlassen, das Mehl darin hellgelb anschwitzen und die Reisbrühe unter ständigem Rühren nach und nach zufügen. 10 Minuten auf kleiner Flamme gut durchkochen und mit Curry und Sahne abschmecken.

Passt gut zu Bratfisch und kurz gebratenem Fleisch.

Gebratener Reis mit Gemüse

250 g Reis
250 g Möhren
200 g Kürbis
1 Stange Lauch
1 Paprika
Brühe
Käse

Möhren putzen und in Stifte schneiden, Kürbis würfeln, Paprika und Lauch waschen und kleinschneiden.

Öl in einem Bräter erhitzen (das Öl hat die richtige Temperatur, wenn man einen Holzlöffel hineinhält und sich Bläschen um den Holzstiel bilden), dann den Reis dazugeben und diesen unter Rühren leicht anbräunen.

Mit Brühe aufgießen, dann das Gemüse unterheben. Den Bräter mit einem Deckel verschließen und circa 15 Minuten bei mittlerer Hitze garen. Mit Gemüsebrühe abschmecken.

Backofen auf Oberhitze einstellen und den geriebenen Käse auf der Oberfläche verteilen. Man kann auch Thunfisch oder geräucherten Tofu mit unterheben.

Der türkische Orangensaft

Jan stürmte in die Küche, als wäre ein Ungeheuer hinter ihm her. Mit Schwung landete er auf dem Hocker an der Küchentheke und blickte seine Mutter erwartungsvoll an.

»Na, du hast es aber eilig«, sagte seine Mutter und lächelte. »Was treibt dich denn in die Küche? Hunger oder Wissensdurst?«

»Hunger habe ich nicht, aber mächtig Durst und ich will doch wissen, wie die Geschichte mit dem Vitamin B3 weitergeht«, antwortete Jan mit einem Blick auf den Kühlschrank. »Das mit den Vitaminen ist echt interessanter, als ich dachte. Aber jetzt muss ich erstmal was trinken, sonst bin ich verdurstet.«

»Das wollen wir ja auf keinen Fall«, lachte seine Mutter, stand auf und nahm eine Flasche Orangensaft aus dem Kühlschrank. Sie befüllte ein Glas damit und ging dann zum Küchenfenster.

»Hej, hier bin ich und ich bin kurz vorm Verdursten«, protestierte Jan.

»Einen Moment noch, du bekommst ja deinen Orangensaft und einen ganz besonderen dazu.«

Von dem großen Strauß gemischter Kräuter aus dem Garten, die dort in einer Vase stehen, brach sie einen kleinen Zweig ab und schlug ihn leicht auf ihren Unterarm, bevor sie ihn in das Glas fallen ließ.

»Was ist das und warum schlägst du den Zweig auf deinen Arm?«, fragte Jan, der sich auf das Ganze keinen Reim machen konnte.

»Das ist Türkische Minze«, erklärte die Mutter, »und ich habe sie auf meinen Arm geschlagen, damit sich die ätherischen Öle lösen und ihr Aroma in deinen Saft abgeben können.«

Mit etwas skeptischem Gesichtsausdruck probierte Jan einen kleinen Schluck, trank sofort danach einen weiteren großen Schluck.

»Wow, wie geil ist das denn?« Jan war total begeistert und im Nu war das Glas leer.

»Diesen Tipp habe ich einmal von einer Kräuterfrau bekommen, man kann die Türkische Minze nicht nur in den Orangensaft tun, im Apfelsaft schmeckt sie auch super. Und Türkische Minze löscht den Durst sogar, wenn man einige Blättchen in den Mund nimmt und lutscht. Minze kann man getrocknet oder frisch in viele Getränke und Speisen geben. Ich mag Minze zum Beispiel auf Erdbeeren, aber auch im Tzaziki.«

Jan hörte seiner Mutter gespannt zu, für ihn hatte Minze immer nur etwas mit Zahnpasta oder Kaugummi zu tun gehabt, dass man so viele Dinge damit anstellen konnte, das war ihm nicht bewusst gewesen.

»Wir werden bei der nächsten Gelegenheit mal zum Kinderkräutergarten gehen, wenn dort wieder eine Veranstaltung ist, und uns die vielen verschiedenen Minzen erklären und zeigen lassen. Dort gibt es auch noch andere Duft- und Heilkräuter aus der ganzen Welt.«

Jan war begeistert, er mochte Düfte und ihm wurde von seiner Familie immer wieder ein exzellenter Geruchssinn bestätigt.

»Da habe ich echt Lust drauf«, sagte Jan. »Was weißt du denn noch über Minze?«

»Die Minzen kann man in vier Gruppen unterteilen«, erklärte seine Mutter. »Die erste Gruppe sind die Pfefferminzen, sie enthalten viel Menthol, zur zweiten Gruppe gehören die Arabischen Minzen, die wenig Menthol und ein ganz typisches Aroma haben. Dann gibt es noch die fruchtigen Minzen mit wenig Menthol und Fruchtaromen und die letzte Gruppe sind alle Minzen, die übrigbleiben. Das sind alles so genannte Edelminzen, die man aussäen muss, weil sie sich nicht von alleine vermehren. Die

echten Minzen breiten sich im Gegensatz zu den Edelminzen aus wie ein Lauffeuer. Sie bilden unterirdische Ausläufer und haben ruckzuck einen großen Teil des Gartens für sich in Anspruch genommen. Sie sind wie Egoisten – nach mir die Sintflut. Nach drei Jahren ist der Spuk dann vorbei, denn sie bleiben nicht gerne an derselben Stelle, weil sie nahrhafte Erde brauchen. Manche überstehen sogar unsere Wintermonate und wenn sie dann beginnen zu blühen, sind sie ein großartiger Futterspender für unsere Bienen, Wildbienen, Hummeln und Schmetterlinge.«

»Ich hätte nie gedacht, dass Minze so viel mehr ist als Zahnpasta und Kaugummi.« Jan hatte seinen Saft ausgetrunken, lehnte entspannt am Fensterbrett und strich mit der Hand durch die Minze. Dann roch er an seiner Hand.

»Die riecht echt super.«

In diesem Moment betrat Lea die Küche und blieb schnüffelnd stehen.

»Was ist denn hier los? Warum riecht es denn hier wie auf einem Markt?«

»Komm her und setz dich hin«, sagte die Mutter mit einer einladenden Handbewegung. »Dann kannst du den Duft auch trinken.«

»Blödsinn.« Lea schüttelte den Kopf. »Düfte kann man riechen, aber nicht trinken.«

»Doch, kann man«, schaltete sich Jan jetzt in das Gespräch ein. »Mama hat mir einen Saft gemacht, der nicht nur den Durst löscht, sondern auch noch total gut riecht.«

»Da bin ich aber mal gespannt.«

Wieder ging die Mutter mit dem vollen Glas Orangensaft an die Fensterbank, brach einen kleinen Zweig ab und schlug ihn auf ihren Unterarm. Lea war genauso erstaunt wie Jan zuvor und die Mutter erklärte es ihr, während Lea den wohlschmeckenden Saft in großen Schlucken trank.

»Die Minze duftet nicht nur sehr gut«, erklärte die Mutter weiter, »sie vertreibt in der Erde auch die Wühlmäuse und hält zum Beispiel Schnittblumen länger frisch. Aber jetzt sind wir durch den Saft ganz von unserem eigentlichen Thema Vitamine abgekommen.«

»Ich weiß noch etwas zum Vitamin B3«, wusste Lea zu berichten. »Wir haben heute etwas dazu im Biounterricht gemacht. Das Geheimnis vom Vitamin B3 ist, dass seine Moleküle so winzig klein sind und deswegen sehr schnell überall im Körper hinkommen können, ohne von den freien Radikalen abgeschossen zu werden.«

»Ohne von was abgeschossen zu werden?«, fragte Jan mit hochgezogenen Augenbrauen. »Hört sich an wie bei einer Moorhuhnjagd.«

»Das ist wie bei einem Fußballspiel«, erklärte Lea. »Es gibt Spieler in der Mannschaft, die sind wendiger und flinker als andere. Die schlängeln sich immer wieder durch die Beine der anderen durch. Die freien Radikale sind die Abwehrspieler der gegnerischen Mannschaft, die sie stoppen wollen.«

»Und warum wollen die freien Radikale das Vitamin überhaupt stoppen, wenn es doch gesund für unseren Körper ist?«, wollte Jan noch wissen.

»Freie Radikale sind Moleküle oder Atome, die besonders reaktionsfreudig sind. Sie entstehen durch Umwelteinflüsse auf unseren Körper – Röntgenstrahlen, UV-Strahlung, aber auch Umweltgifte, die wir über die Luft oder die Nahrung aufnehmen. Und weil diese freien Radikale verhindern, dass die Vitamine an ihre Einsatzstellen in unserem Körper kommen, schaden sie uns.«

Jan war beeindruckt. »Das ist ja echt spannend, fast wie ein Krimi. Woher hast du das denn alles?«

»Unser Biolehrer hat das in einer der letzten Stunden erklärt. Der legt viel Wert darauf, uns etwas über gesunde Ernährung beizubringen. Schließlich ist das ja in aller Munde – gesunde Ernährung in Schulen und Kindergärten und so.«

»Sagt Papa deswegen immer, dass wir nur gesund und fit sein können, wenn wir uns richtig ernähren?« Jan erinnerte sich an das, was sein Vater immer sagte.

»Genau«, stimmte seine Mutter ihm zu. »Du erinnerst dich doch auch an das, was die Großeltern euch erzählt haben - von der Zeit nach dem Zweiten Weltkrieg, in dem sie auf viele Dinge verzichten mussten. Das hatte auch gesundheitliche Folgen für sie, denn Vitamin B3 ist nicht nur schnell, es hemmt auch den Stoffwechsel im Fettgewebe, dadurch verringert es den Cholesterinwert und die Fettsäuren, die in unseren Blutkreislauf eingeschleust werden. Dann werden die Gefäße nicht mit Ablagerungen zugesetzt.«

Als die Mutter Jans fragendes Gesicht sah, fügte sie noch erklärend hinzu: »Das ist so, wie wenn die Leute ihren ganzen Müll an den Straßenrand schmeißen, nur dass bei den Gefäßen keine Straßenreinigung kommt, die das wegmacht und so werden die Gefäße immer enger, das Blut kommt immer schlechter durch und irgendwann sind die Blutgefäße verstopft.«

Jan rümpfte die Nase. »Das hört sich gerade ziemlich eklig an.«

»Ist es auch und deswegen«, die Mutter hatte ein Buch aus dem Regal genommen und legte es auf die Anrichte, »wollen wir jetzt mal nachschlagen, welche leckeren Gerichte es mit Vitamin B3 gibt.«

Doch Jan hatte andere Pläne für den Abend. »Lasst uns doch zusammen ins China-Restaurant gehen, wenn Papa von der Arbeit zurück ist.«

Lea und die Mutter waren einverstanden.

»Und bestimmt finden wir dort auch viele Vitamine, die uns schmecken werden.« Jan hoffte insgeheim, nicht nur die Vitamine, sondern auch seinen Freund, mit dem er dieselbe Klasse besuchte, zu finden, dessen Eltern die Besitzer des Restaurants waren.

7-Wildkräuter-Butter

250 g Butter, Labkraut, Brennnessel, Schafgarbe, Spitzwegerich, Sauerampfer, Giersch, Löwenzahn

Die Butter lange genug vor der Zubereitung aus dem Kühlschrank nehmen, damit sie schön geschmeidig ist und sich die Wildkräuter gut mit ihr vermischen lassen.

Dann die Wildkräuter waschen und gut abtrocknen, danach die Brennnesseln mit dem Nudelholz walzen, damit die Brennhaare ihre Wirkung verlieren.

Die kleinen Blätter des Labkrauts und der Schafgarbe abzupfen; Löwenzahn und Spitzwegerich werden in feine Streifen geschnitten. Die restlichen Kräuter werden fein zerkleinert.

Mit einer Gabel werden dann die ganzen Kräuter unter die Butter gedrückt, bis alles gleichmäßig verteilt ist. Die Zugabe von Salz ist nicht notwendig.

Brennessel

Giersch

Kräuterquark

250 g Speisequark (40 % Fett), 1 EL Zitronensaft, etwas Salz, eine Prise Zucker, Schnittlauch, Sauerampfer, Zitronenmelisse, Pimpernelle, Kresse, Petersilie

Den Speisequark mit Salz, Zucker und Zitronensaft zu einer geschmeidigen Masse verrühren.

Einige Blättchen Sauerampfer, Zitronenmelisse, Pimpernelle, Kresse und Petersilie ernten und einen ungefähr fingerdicken Bund Schnittlauch abschneiden. Alle Kräuter nach dem Waschen mit einer Kräutermühle oder einem Wiegemesser zerkleinern und unter den Quark rühren.

Zum Garnieren Blüten der Ringelblume und Kapuzinerkresse auf den fertigen Quark streuen.

Petersilie

Zitronenmelisse

Der Wochenmarkt

Freitagmorgen und es versprach, ein wunderschöner sonniger Sommertag zu werden. Lea und Jan hatten wegen einer Lehrerfortbildung an ihrer Schule beide frei und so machten sie sich gemeinsam mit ihrer Mutter auf den Weg zum Wochenmarkt. Am Abend vorher hatte sich jeder einen Einkaufszettel geschrieben, den der andere nicht kannte.

»Lasst uns zu den Körben noch eine Kühltasche mitnehmen«, schlug die Mutter vor. »Heute soll es noch heiß werden. Und ihr dürft gespannt sein, auf einem Wochenmarkt riecht es nicht nur nach Minze, sondern dort bekommt ihr einen Duftmix aus allem. Lasst euch überraschen und nehmt alles auf, was ihr könnt.«

Markttage hatten Lea und Jan schon immer toll gefunden und das Beste an einem solchen Tag war natürlich, dass sie keine Schule hatten.

»Auf meinem Einkaufszettel stehen ganz viele Sachen mit den Vitaminen, die wir in der Schule schon hatten.« Jan zeigte stolz seinen Zettel, den er am Abend akribisch vorbereitet hatte. Er wollte seiner Schwester heute unbedingt beweisen, dass er auch schon eine Menge wusste.

»Aber du bist doch noch gar nicht durch mit allen Vitaminen«, konnte Lea es sich nicht verkneifen, ihn daran zu erinnern, dass sie schon mehr in der Schule gelernt hatte.

»Das kann ja sein, aber ich weiß auch schon eine ganze Menge und Mama hat uns doch auch noch viel erklärt.« Jan wollte das so auf keinen Fall im Raum stehen lassen.

Die Mutter griff beschwichtigend ein. »Streitet euch nicht, ihr werdet heute auf dem Wochenmarkt beide noch viele neue Dinge lernen und Eindrücke mitnehmen. Und Lea, hör auf mit Jan zu zanken, es ist noch kein Meister vom Himmel gefallen, du musstest das doch auch erst alles lernen. Ich habe da eine Idee, wir probieren heute Abend einige Rezepte mit den Sachen aus, die ihr mitbringt und für nächste Woche Samstag laden wir Freunde ein und zaubern ihnen etwas Leckeres auf den Teller. Lasst euch einfach heute von den leckeren Sachen auf dem Wochenmarkt inspirieren und überlegt, worauf ihr mal wieder so richtig Hunger habt und damit stellen wir dann ein Menu für einen Koch- und Grillabend am nächsten Samstag zusammen.«

Beide Kinder waren begeistert und so machten sie sich gemeinsam auf den Weg zum Markt. Zuvor hatte die Mutter noch einen Blick auf die Einkaufszettel ihrer Kinder geworfen und war überrascht gewesen, dass beide die reinsten Vitamin-Bomben aufgeschrieben haben. ›Ich bin wirklich mal gespannt, welche Gerichte daraus am Ende entstehen.‹ Auch wenn Lea das nie zugegeben hätte, hatte sie ihrem Bruder geholfen, denn beide hatten auf ihren Zetteln Lebensmittel mit Vitamin A, C, D, E, K und allen B's stehen. Jan hätte wahrscheinlich nur A und B auf seinem Zettel gehabt.

Schon in einiger Entfernung vom Marktplatz in der Altstadt strömte ihnen eine Duftwelle aus den verschiedensten Gerüchen entgegen, die sie mit weit geblähten Nasenflügeln aufsogen. Jan war kaum noch zu halten und steuerte mit seinem Zettel in der Hand auf einen Gemüsestand zu. Dort lagen alle möglichen Vitamine verpackt in Tomaten, Gurken, Kopfsalat, Kohl, Möhren, Mangold, Spinat, Dill, Petersilie, Liebstöckel und Kresse.

»Jan, lass uns doch erst einmal über den ganzen Markt gehen und alle Stände anschauen«, schlug die Mutter vor, um den Übereifer ihres Sohnes ein wenig auszubremsen. »Danach können wir uns trennen und jeder macht seine Einkäufe.«

Die beiden Kinder waren sofort einverstanden und begeistert von der Idee, den Wochenmarkt ganz allein erkunden zu dürfen. Nach dem Rundgang gab die Mutter jedem 25 Euro.

»In einer Stunde treffen wir uns wieder hier am Eingang, dann sehen wir ja, was ihr alles bekommen habt.«

Stolz und ein wenig aufgeregt zogen die beiden Kinder mit ihren Körben und dem Einkaufsgeld los über den Markt. Jan hielt an einem großen Obst- und Gemüsestand an und überlegte, ob er hier wohl alles für seine Ideen für den Grillabend bekommen würde. Denn schließlich wollte er seiner Familie auch zeigen, was er in den letzten Wochen in der Koch-AG alles gelernt hatte.

»Guten Tag, ich hätte gerne 500 g Bio-Möhren«, begann er, doch die Marktfrau unterbrach ihn verwundert.

»Nanu, so einen jungen Kunden hatte ich auch noch nicht.« Interessiert blickte sie Jan an, der mit seinem Einkaufszettel und dem Korb vor ihr stand. »Möchtest wohl später einmal Koch werden?«

»Vielleicht. Heute ist es mein erster Alleingang und eine Art Test für meine Mutter und mich. Ich gehe allein ohne meine Mutter einkaufen, weil wir in der Schule gerade gesunde Ernährung durchnehmen, in der Koch-AG bin ich auch«, gab Jan stolz Auskunft.

»So etwas gibt es in eurer Schule?«, die Marktfrau war positiv überrascht. »Das finde ich gut, da lernen die Kinder endlich mal etwas, was sie in ihrem Leben später auch wirklich gebrauchen können. Was darf ich dir denn geben?«

»Also die 500 g Bio-Möhren, 5 Bio-Zitronen, 2 Köpfe Salat, ein Bund Radieschen und Paprika – je zwei in grün, rot und gelb. Dazu brauche ich dann noch Petersilie, Kresse, Schnittlauch, Basilikum im Topf und bitte noch Pimpernelle.«

»Oh, dir macht das mit der Ernährung aber großen Spaß«, sagte die Marktfrau anerkennend und nahm den Korb von Jan entgegen, um die Lebensmittel darin zu verstauen. Besonders der Kopfsalat sollte ja nicht zerdrückt zu Hause ankommen.

»Brauchst du sonst noch etwas?«, wollte die Frau wissen.

»Einen Moment«, Jan zog einen kleineren Zettel aus der Hosentasche, auf dem er sich die Vitamine und die entsprechenden Lebensmittel notiert hatte. »Vitamin A und C habe ich schon eine Menge, aber mir fehlt noch etwas mit Vitamin B.« Er schaute sich suchend um, plötzlich hatte er eine Idee. »Haben Sie Zuckererbsen?«

»Natürlich habe ich Zuckererbsen«, die Frau zeigte auf einen Korb mit frisch geernteten Schoten in der Auslage. »Aber darf ich dich mal etwas fragen? Wie kommst du ausgerechnet auf Zuckererbsen?«

Jan erklärte es bereitwillig. »Meine Oma hat mir mal erzählt, dass die Leute in Finnland Zuckererbsen essen, weil sie nicht nur gesund sind, sondern dass das Vitamin B darin auch die Stechmücken weghält. Und ich hasse Stechmücken«, beendete er seine Ausführungen. »Und dann nehme ich zu den 500 g Zuckererbsen noch zwei Gurken und ein Kilogramm Tomaten.«

Nachdem auch das alles im Korb verstaut war, bezahlte Jan seinen Einkauf, verabschiedete sich höflich und freute sich auf die Gesichter seiner Mutter und Schwester.

Nur die Zutaten für den Nachtisch fehlten ihm noch, das waren Quark, süße und saure Sahne und Zitronenmelisse, aber die gab es zu Hause im Garten. Vor sich sah er seine Schwester Lea, die mit der Kühltasche unterwegs war.

»Lea, warte mal«, rief er ihr hinterher. Seine Schwester blieb stehen und drehte sich um. »Hast du noch Platz in deiner Kühltasche?«

Seine Schwester nickte. »Klar, du bist ja auch ganz schön bepackt. Was brauchst du denn noch?«

»Quark, süße und saure Sahne und die sollten wir direkt in die Kühltasche packen.«

»Dann gehen wir am besten zusammen gerade zu dem Stand mit Käse und Quark und holen die Sachen da«, schlug Lea vor und Jan stimmte zu.

»Guck mal, da vorne steht auch unsere Mutter, die holt aber gerade eine dicke Bestellung von der Theke. Alles Käse oder was?«

Die Mutter bemerkte die beiden. »Habt ihr eure Sachen bekommen?«

»Bis auf die Zutaten für den Nachtisch«, antwortete Jan.

»Dann können wir gleich noch gemeinsam den Lachs besorgen und danach gönnen wir uns ein Eis.« Dieser Vorschlag von der Mutter wurde begeistert angenommen.

Kopfsalat mit Radieschen

für 4 Personen:
1 großer Kopfsalat, 1 Bund Radieschen

Salat zupfen (Schneiden mit dem Messer führt zu braunen Kanten), dann waschen und in der Salatschleuder trockenschleudern. Dann die Radieschen in dünne Scheiben hobeln.

Den Salat und die Radieschen in eine große Salatschüssel geben und vermischen. Kurz vor dem Servieren mit der Salatsoße vermischen.

Salatsoße mit Sahne

2 EL Öl, 1 EL Essig oder Zitronensaft, ¼ l saure Sahne, Salz, Zucker, Schnittlauch, Kerbel, Sauerampfer, Pimpernelle, Zitronenmelisse

Saure Sahne mit Salz, Zucker, Essig oder Zitronensaft verrühren, dann die Kräuter sehr fein schneiden und unterrühren. Danach das Öl dazu geben.

Den Schnittlauch zum Schluss über den Salat geben.

Paprika, Gurke und Tomate zum Knabbern

Paprika waschen und von den Kernen befreien. Dann in feine Scheiben schneiden und auf eine Platte legen.

Gurken schälen und in nicht zu dicke Streifen von circa 5 cm Länge schneiden.

Tomaten waschen, abtrocknen, den Stängelansatz entfernen und in Scheiben schneiden.

Alles auf eine Platte legen. Dazu schmeckt der Kräuterquark von Seite 23.

Die Vorbereitungen zur Grillparty

Zufrieden kamen die drei von ihrem Einkauf auf dem Wochenmarkt zurück. Für die Grillparty am nächsten Tag war einiges vorzubereiten und als erstes holte die Mutter eine Plastiktüte aus dem Korb. Lea rümpfte die Nase, als sie den Fisch darin erkannte.

»Seit wann bist du denn so empfindlich?«, erkundigte sich die Mutter. »Wenn der Fisch auf dem Teller liegt, dann isst du ihn doch auch.«

»Ja, fertig gegrillt ist das auch etwas Anderes«, gab Lea zu. Ihre Begeisterung bei dem Gedanken, den rohen Fisch für den Grill vorzubereiten, hielt sich eindeutig in Grenzen. »Er ist so glitschig und man kann ihn so schlecht in der Hand halten«, versuchte sie ihre Abneigung zu erklären. »Lass das mal lieber Papa machen, der ist ja schließlich hier der Angler.«

Auch Jan begann seine Errungenschaften auf dem Tisch auszubreiten. »A, B, B1, B2, B12, C, K, E und natürlich D.« Fast singend legte er die unterschiedlichen Obst- und Gemüsesorten auf den Tisch.

In dem Moment betrat der Vater die Küche und schaute seinen Sohn überrascht an. »Soll mir der Buchstabensalat irgendetwas sagen? Lernst du Matheformeln oder übst du für Gesangsstunden, von denen ich nichts weiß?«

Jan brach in schallendes Gelächter aus. »Gesangsstunden? Ganz bestimmt nicht. Wir waren auf dem Wochenmarkt und ich wollte Lea damit zeigen, dass ich mich auch mit Vitaminen auskenne – nicht nur sie.«

Der Vater war ehrlich erstaunt, denn bis jetzt hatte Jan sich nie für sein Essen interessiert; Hauptsache, es hatte ihm geschmeckt.

Jan lief nun zu Form auf. »So, und jetzt noch einmal alles auf Anfang«, erklärte Jan. »Schaut mir mal zu.«

Er zog ein Bündel Möhren aus dem Korb. »Hier haben wir es mit dem Allroundvitamin A zu tun, für unsere Augen unverzichtbar und bei den Möhren kann man sogar das Grün mitverwerten.« Als nächstes zog er die Zuckererbsen aus dem Korb. »Und hier haben wir das Vitamin B. Erbsen liebe ich, ob roh oder gegart, und ich habe sogar welche im Kleid gefunden. Sie sind lecker und so gesund und sie haben einen tollen Nebeneffekt. Sie vertreiben die Stechmücken.«

»Wie sollen Erbsen denn Stechmücken vertreiben?«, wollte der Vater wissen. »Du wirst sie wohl kaum damit von der Wand werfen wollen.«

»Natürlich nicht«, erklärte Jan lachend. »Wenn man das Vitamin B12, das in den Erbsen ist, zu sich genommen hat, dann wird beim Schwitzen über unsere Haut ein Duftstoff frei gesetzt, den die Stechmücken nicht mögen. Also werden wir seltener gestochen.«

Jetzt war der Vater endgültig von den Socken. »Du überraschst mich, woher weißt du das denn alles?«

»Ich bin seit ein paar Wochen in der Koch AG und da kochen wir nicht nur, sondern wir kriegen auch was über die Inhaltsstoffe und ihre Bedeutung für unseren Körper erklärt. Es macht echt riesigen Spaß und mir schmeckt das Essen jetzt viel besser. Außerdem weiß ich jetzt, was alles vor unserer Haustüre angebaut werden kann und was Kiwi, Zitrone und Mango für eine lange Reise hinter sich haben, bevor sie auf unserem Tisch landen. Kochen ist eine echte Wissenschaft, aber mit Genuss-Effekt«, beendete er seinen Kurzvortrag.

Er zog die Petersilie heraus, hielt sie sich unter die Nase und sog den Duft tief ein. »In der Petersilie ist ganz viel Vitamin C und E«, fügte er noch hinzu.

Lachs vom Grill

für 4 Personen:
4 Scheiben frischer Lachs (je 200–250 g), 4 EL Zitronensaft, Salz, Öl, 1 Zwiebel, Petersilie

Die Lachsscheiben unter fließendem, kalten Wasser gut abspülen, dann mit dem Zitronensaft beträufeln und salzen, mit Öl bepinseln und den Zwiebelringen und der Petersilie belegen. Alles ca. 1 Stunde im Kühlschrank ziehen lassen und gelegentlich wenden. Danach die Zwiebeln und die Petersilie abnehmen, die Lachsscheiben nochmals mit Öl bepinseln und auf den geölten, heißen Grillrost legen. 7–9 Minuten von jeder Seite grillen.

Schweinesteak, mariniert

für 4 Personen:
Schweinesteaks (je 250 g), Zwiebeln, Rauchsalz, weißer Pfeffer, Rapsöl

In die frischen Steaks eine Tasche schneiden und diese mit den in Halbmonde geschnittenen Zwiebeln befüllen. Dann von beiden Seiten gut würzen, in eine Schüssel legen und mit dem Öl übergießen. Danach 5 Stunden im Kühlschrank ziehen lassen. Auf dem heißen Grill scharf von beiden Seiten anbraten und dann gut durch grillen.

Käsesalat

**300 g alter Gouda am Stück, 1 Dose Erbsen,
250 g Nudeln (kleine Hörnchen),
2 Bio-Äpfel (Sorte: Prinz Albrecht von Preußen),
Salz, Pfeffer, Weinessig, Öl, 3 EL Zitronensaft, 1 Bund Petersilie,
Sahne/Mayonnaise/Crème fraîche (nach Belieben)**

Nudeln in reichlich Salzwasser bissfest garen, dann abgießen und mit kaltem Wasser abschrecken. Die Erbsen auf einem Küchensieb abtropfen lassen. In der Zwischenzeit den Käse würfeln, die Äpfel schälen, in Würfel schneiden und diese mit dem Zitronensaft beträufeln, damit sie nicht braun werden. Alles unter die erkalteten Nudeln mischen, dann mit Salz, frischem weißem Pfeffer und einem EL Weinessig abschmecken. Zum Schluss noch etwas Öl dazu geben.

Nach Belieben Mayonnaise, Sahne oder Crème fraîche dazugeben.

Den Salat vor dem Servieren eine Stunde im Kühlschrank durchziehen lassen und mit Petersilie zum Garnieren bestreuen.

Die Grillparty

Endlich war der Abend der Grillparty gekommen. Neben einigen Freunden und Nachbarn waren auch die Großeltern zu Besuch. Den ganzen Tag zuvor hatten Lea und Jan gemeinsam mit ihrer Mutter geschnibbelt und die Leckereien für den Abend vorbereitet. Begeistert probierten die Gäste die verschiedenen frischen Salate und das Gegrillte vom Vater fand ebenfalls sehr großen Anklang.

»Vitamin A, B, C, D, E und es kommt noch jede Menge Vitamin K von den Grillbeilagen dazu«, erklärte Jan seiner Großmutter, die ihn verwundert anschaute.

»Seit wann interessierst du dich denn für sowas?«, wollte sie wissen.

»Ich bin seit ein paar Wochen in der Koch-AG in der Schule und da lernen wir, was es mit den Vitaminen auf sich hat und auch, warum wir manchmal Heißhunger auf bestimmte Lebensmittel haben. Du Oma, es gibt auch Sachen, die wir Kinder nicht mögen, Pilze zum Beispiel.«

Die Oma musste lachen. »Das stimmt, die mochte ich als Kind auch nicht und heute liebe ich sie.«

Jan war in seinem Element. »Es ist immer total spannend und aufregend, wenn wir zusammen kochen. Total lecker und unsere Lehrer kennen superinteressante Geschichten über das, was so alles in unseren Lebensmitteln ist.« Jan holte tief Luft und begann wie ein Wasserfall vom Vitamin K und seinen Fähigkeiten zu erzählen. »Es ist ganz leicht zu merken, wo das Vitamin K überall drin ist. K wie Kohlgemüse und auch wie das K in Brokkoli. Und dann gibt es noch etwas, was das Vitamin K kann und was besonders für Pechvögel wie mich hilfreich ist.«

»Und das ist?« Jetzt wurden die anderen am Tisch neugierig.

»Es hilft dabei, Wunden abheilen zu lassen.« Alle mussten lachen, denn Jan war und blieb ein Pechvogel. Gerade kürzlich hatte er noch beim Skateboardfahren mit dem Gesicht gebremst, doch die Wunden heilten sehr gut ab.

Lea wusste auch noch etwas zum Thema beizutragen. »Das kommt in erster Linie daher, dass Vitamin K vor allem die Produktion des Blutgerinnungsstoffes Prothrombin ankurbelt.« Die Gäste waren beeindruckt, was die beiden Kinder alles wussten.

»Und das beste ist«, wusste Lea noch zu ergänzen, »dass man in der Pubertät viel weniger Pickel hat, wenn man genug Vitamin K isst.«

Das war ihr besonders wichtig, steckte sie jedoch im Moment mitten in der Pubertät.

Jan führte die Gäste am reichhaltigen Buffet vorbei und zeigte, was sie alles vorbereitet hatten.

»Lea und ich haben angefangen, Rezepte aus der Koch-AG zu sammeln und Lea hat mir dabei geholfen, zu den Rezepten auch die wichtigsten Infos über die Vitamine und Inhaltsstoffe aufzuschreiben«, erklärte Jan und in seiner Stimme schwang ein wenig Stolz mit.

»Du und dein Essen.« Die Großmutter legte den Arm um Jan und drückte ihn an sich. Jan befreite sich, er mochte Umarmungen nicht so gerne.

»Ich esse eben gerne und durfte der Mama auch immer bei vielen Sachen in der Küche helfen. Nur eins liegt mir gar nicht – SPÜLEN!«

Alle, die dem Gespräch zwischen Jan und der Großmutter zugehört hatten, mussten jetzt lachen. Der Großvater nickte zustimmend, auch er räumte die Küche nicht gerne auf und stellte am liebsten alles in den Geschirrspüler.

»Junge, ich dachte immer, du hättest nur Unsinn im Kopf«, sagte er anerkennend.

»Die Grillparty kann losgehen«, erklang die Stimme des Vaters vom Grill, der sich die ganze Zeit mit dem Feuer befasst hatte und nun die ersten leckeren Steaks und den Fisch auf den Grillrost auflegte.

Zu dem Fleisch und dem Fisch gab es die Salate, die Kräuterbutter und den leckeren, erfrischenden türkischen Orangensaft mit der Minze. Besonders der Nachtisch, den Jan alleine zubereitet hatte, stieß bei allen auf Begeisterung. Nach einem wunderschönen Sommerabend mit leckerem Essen verabschiedeten sich die Gäste.

Zitronen-Quarkspeise

500 g Quark (40 %),
125 ml Milch,
2 Bio-Zitronen,
100 g Zucker (alternativ mit Honig süßen)

Quark mit der Milch und dem Zucker verrühren, dann mit dem Saft der Zitronen abschmecken und bei Bedarf nachsüßen. Zum Schluss mit Blättern der Zitronenmelisse garnieren.

Die Unterrichtsstunde

»Stell dir mal vor«, völlig außer Atem stürzte Jan nach der Schule in die Küche. »Wir dürfen eine Unterrichtsstunde in Gemeinschaftskunde selbst halten. Und das Beste ist – wir dürfen das Thema selbst aussuchen.

»Das klingt doch toll«, sagte die Mutter und stellte ihm etwas zu trinken hin. »Hast du denn schon eine Idee, welches Thema deine Gruppe machen möchte?«

»Klar!« Jan hatte sich auf dem Heimweg schon Gedanken gemacht. Einige seiner Klassenkameraden sind mit ihm in der Koch-AG und Jan hatte die Idee die Unterrichtsstunde »Besser lernen durch gute Ernährung« zu nennen. »Meine Gruppe macht als Thema ›Gesunde Ernährung‹«, beantwortete er stolz die Frage seiner Mutter.

»Und wie willst du das machen?«, mischte sich nun Lea ein, die kurz nach Jan die Küche betreten hatte. »So lange bist du ja nun auch noch nicht in der Koch-AG, um damit eine ganze Unterrichtsstunde zu halten. Was willst du denn eine ganze Stunde lang zum Thema Ernährung erzählen?«

»War ja klar, dass du deinen Senf wieder dazu geben musst«, murrte ihr Bruder. »Aber wir haben schließlich schon eine Menge mehr gelernt als bloß kochen. Vor dem Kochen erklärt uns der Lehrer immer, wo die Lebensmittel herkommen, warum wir im Winter zum Beispiel lieber kräftige Eintöpfe essen und im Sommer leicht verdauliches Essen. In welchen Lebensmitteln sich welche Vitamine befinden, wie viel CO_2 wir verbrauchen und wie durch die Zubereitung die Vitamine auch erhalten bleiben. Und unser Lehrer sagt immer: ›Wer kochen will, muss sich auch mit Lesen, Schreiben und Mathe auskennen‹.«

Jan hatte sich regelrecht in Rage geredet und seine Wangen begannen zu glühen. Für Lea ein Grund mehr, ihren Bruder weiter aufzuziehen. »Ach so«, sagte sie mit abschätzigem Blick auf ihren Bruder, »ich dachte eigentlich immer, dich interessiert nur der volle Teller.«

»Streitet euch nicht«, beschwichtigte die Mutter die Geschwister. Sie legte mehrere Scheiben Vollkornbrot für das Abendessen in einen Brotkorb. »Aber da muss ich Jan Recht geben. Die Zubereitung von Lebensmitteln für eine gesunde Ernährung ist sehr vielseitig. Warum gibt es immer mehr Ernährungsberater? Weil viele Leute einfach viel zu wenig über unser Essen und seine Bedeutung wissen. In Zeiten, wo sich immer mehr Menschen von Fast Food und Convenience Food ernähren und die Zahl der Wohlstandskrankheiten immer weiter wächst, werden Ernährungsberater dringend gebraucht.«

»Was sind denn Wohlstandskrankheiten?«, fragte Jan mit gerunzelter Stirn.

»So bezeichnet man die Krankheiten, die durch falsche Ernährung und zu wenig Bewegung entstehen. Dazu gehören Bluthochdruck, Probleme mit der Galle, weil das Essen oft viel zu fett ist und als größtes Problem Adipositas oder auf Deutsch Übergewicht, was eine Menge anderer Probleme wie Gelenkverschleiß, Herzkrankheiten, Lungenprobleme oder Nierenkrankheiten nach sich zieht.«

»Krass!« Lea war beeindruckt, denn das hatte sie so auch nicht gewusst. »Aber warum essen die Leute dann so ungesund, wenn es doch so schlimme Folgen für ihren Körper hat?«

»Weil es bequem ist und gut schmeckt und sie oft lieber einfach nicht darüber nachdenken. Irgendwann ist es dann einfach zu spät, denn wenn man einmal extrem übergewichtig ist, dann ist abnehmen gar nicht mehr so einfach.«

»Das verstehe ich nicht«, sagte Jan, der ohne seinen Sport nicht leben konnte.

»Aber unser Essen ist noch so viel mehr«, sprach die Mutter weiter. »Geht mal in einen Buchladen und schaut euch die Titel in den Regalen an. Da gibt es nicht nur Kochbücher, es gibt skurrile Titel wie ›Hexenküche‹, aber auch ›Liebe geht durch den Magen‹ oder ›Rezepte, um nicht zu altern‹.«

»Siehst du.« Jan schaute seine Schwester triumphierend an. »Das ist ja wohl genug Stoff für eine Unterrichtsstunde.«

»Du hast Recht«, gab seine Schwester zu, etwas, das selten genug passierte und Jan und seine Mutter verwundert aufblicken ließ. »Vielleicht kann ich dir ja helfen und Mama erzählt uns noch mehr über die ganzen Besonderheiten des Essens.«

Jan war überrascht, damit hatte er nicht gerechnet. »Wann wollen wir anfangen?«

»Ich denke, wir setzen uns nach dem Abendessen zusammen und sammeln einfach mal Stichpunkte, was euch alles interessiert und was Jan davon in seiner Unterrichtsstunde machen kann. Kennt ihr den Ausdruck ›Muskelkater im Gehirn‹?«

Die beiden Geschwister schauten ihre Mutter skeptisch an. »Was soll das denn sein? Muskelkater im Gehirn? Muskelkater kann man in den Armen oder Beinen vom Laufen und vom Sport haben, aber vom Denken?«

»Doch, man kann auch Muskelkater im Gehirn haben. Eine Mathematik-Weltmeisterin hat es in einer Fernsehsendung mal so erklärt, dass man Training fürs Gedächtnis durchaus mit Training für unsere Muskeln vergleichen kann. Und Sportler essen dazu das, was ihr Körper benötigt – zum Beispiel Proteine, die extrem wichtig für den Aufbau ihrer Muskeln sind. Genauso gibt es Lebensmittel, die die Synapsen im Gehirn – die Verbindungsstellen zwischen den Nervenenden – anregen und uns damit beim Denken helfen.«

»Jetzt willst du uns aber einen Bären aufbinden.« Jan und Lea konnten sich nicht vorstellen, dass es Lebensmittel gibt, die beim Denken helfen sollen. »Dann können wir die ja in Zukunft vor jeder Klassenarbeit essen und müssen nichts mehr lernen.«

»Ganz so einfach ist es leider nicht«, lachte die Mutter. »Sonst hätten wir ja nur noch Genies in der Schule. Aber in meiner Studentenzeit hat mir meine Mutter immer wieder Studentenfutter auf den Schreibtisch gelegt. Die Nüsse habe ich dann nebenher geknabbert und sie sind echte Biobomben. Sie gehören zu den besten Hirnversorgern, die es gibt, weil sie hochwertige Proteine, wichtige B-Vitamine und Mineralien enthalten. Diese unterstützen die Synapsen in unserem Gehirn und so sind wir leistungsstärker.«

»Deswegen willst du immer, dass wir im Herbst draußen Nüsse sammeln und für den Winter trocknen«, sagte Jan.

»Richtig«, stimmte die Mutter ihm zu. »Aber Nüsse können noch viel mehr. Sie stärken das körpereigene Immunsystem und versorgen uns mit den wichtigsten Proteinen für den Körper. Und weil unser Körper gerade in der Winterzeit davon besonders viel braucht, haben wir im Winter mehr Hunger auf Nüsse als sonst. Unser Körper zeigt uns meistens recht deutlich, was er am nötigsten braucht.«

»Echt krass!« Die Geschwister waren beeindruckt. »Aber wenn Nüsse ja so wichtig für unseren Körper sind, dann sollten wir doch auch bald einmal wieder diese tolle Nusstorte essen, die du immer machst«, fügte Jan grinsend hinzu. »Wie heißt die noch?«

»Du meinst die Engadiner Nusstorte? Die können wir natürlich am Wochenende machen. Aber jetzt holt ihr den großen Zeichenblock und die Farbstifte und wir sammeln alle Informationen.«

Jan nahm einen dicken roten Edding und schrieb oben in die Mitte des Plakats in großen Buchstaben: BESSER LERNEN DURCH GUTE ERNÄHRUNG! Dann nahm er den blauen Stift und schrieb: Gewürze und ihre Wirkung auf das Gehirn!

»Und welche sind das jetzt genau, die anregend sind und welche sind beruhigend?« Etwas ratlos blickte Jan seine Mutter und seine ältere Schwester an.

Lea nahm einen Block mit Post-its und schrieb verschiedene Gewürze auf, die ihr spontan in den Sinn kamen: Anis, Koriander, Pfeffer, Rosmarin, Safran, Liebstöckel, Oregano, Salz, Piment, Zimt.

»Das sind aber eine ganze Menge und was muss jetzt wo hin?«

Die Mutter nahm die Zettel mit ›Anis‹, ›Pfeffer‹, ›Rosmarin‹, ›Safran‹ und ›Salz‹ und klebte sie links auf das Plakat, wo Jan ›Anregende Gewürze‹ hingeschrieben hatte.

»Die anderen könnt ihr den beruhigenden Gewürzen zuordnen«, erklärte sie. »Und wenn ihr mal genau hinschaut, dann sind da einige Gewürze dabei, die wir Weihnachten in die Plätzchen tun. Deswegen haben Weihnachtsplätzchen auch durchaus eine entspannende Wirkung.«

Der Vater hatte die letzten Sätze gehört, als er sich einen Apfel aus der Küche geholt hatte. Er warf einen Blick auf die gelben Klebezettel, die jetzt auf dem Plakat klebten.

»Dann sollte ich wohl vor dem nächsten Kundentermin mal Gebäck mit beruhigenden Gewürzen kaufen, vielleicht hilft es ja. Schaden wird es wohl kaum.«

»Höchstens deiner Figur«, lachte die Mutter. »Zu den anregenden Gewürzen, die unsere Konzentration fördern, gehören auch noch ›Galgant‹, ›Kreuzkümmel‹, ›Lorbeer‹, ›Oregano‹, ›Rosmarin‹, ›Selleriegrün‹ und ›Zimt‹. Wenn man zum Beispiel einen Tiefpunkt beim Lernen hat, dann hilft es oft schon ein Basilikumblättchen zwischen den Fingern zu zerreiben und daran zu riechen.«

»Kommt dann der Spruch ›Voller Bauch studiert nicht gern‹ auch daher, dass manche Lebensmittel nicht gut sind, wenn man sich konzentrieren muss?«, wollte Lea wissen.

»Genau richtig«, stimmte die Mutter zu. »Wenn man zum Beispiel zu viel gegessen hat, dann wird die ganze Energie im Magen gebraucht und die Konzentration leidet darunter. Bei zu viel Fleisch und Würze wie Paprika, Salz und Wacholderbeere kann das durchaus passieren.«

Die Geschwister waren so bei der Sache, dass sie vollkommen die Zeit vergessen hatten. Plötzlich stand der Vater wieder in der Tür und hielt Jans Sporttasche in der Hand. »Jan, du musst los zum Training, den Rest müsst ihr wohl morgen weiter machen.«

Am nächsten Abend ging es weiter. Jan hatte sich in der Schule mit den anderen in seiner Gruppe darüber unterhalten, wie man den anderen die ganzen Lebensmittel und Gewürze möglichst gut klar machen konnte und sie waren auf die Idee gekommen, so viele Bilder wie möglich auf die Plakate zu machen.

»Das ist eine sehr gute Idee«, lobte die Mutter Jan, als er ihr von dem Vorschlag berichtete. »Wir haben noch eine Menge Prospekte von den Supermärkten, da dürftet ihr alles finden, was ihr braucht.«

»Und wir dürfen das Obst und Gemüse nicht vergessen«, erinnerte Lea, die auch Gefallen an Jans Unterrichtsprojekt gefunden hatte.

»Obst und Gemüse, nach deren Verzehr man besonders viel Energie zum Lernen hat, sind Grapefruit, Orangen, Tomaten, Paprika, Zitronen, Kiwis, Bananen, Äpfel, Rhabarber, Fenchel und Johannisbeeren«, erklärte die Mutter. »Allerdings haben alle diese Obst- und Gemüsesorten verschiedene Stärken – jede ist auf ihre eigene Art wichtig. Genau deswegen kommt es so auf ausgewogene Ernährung an.«

Jan zog die Augenbrauen in die Höhe. »Damit können wir mehr als eine Unterrichtsstunde füllen.«

»Erst könnt ihr eure Energie wieder auffüllen.« Die Mutter stellte einen Teller mit Apfel- und Bananenstücken auf den Tisch, bei dem beide Geschwister sofort gerne zugriffen.

»Ist viel zu voll der Bauch, stoppt das Lernen leider auch. Nimmst du Energie viel auf, hat das Lernen einen Lauf«, rezitierte Jan, während er sich durch die Prospekte suchte.

»Naja, ein Dichterfürst wird aus dir auch nicht«, frotzelte Lea, »aber für das Plakat ist es ok.«

»Dann kleben wir das gesunde Essen unter die eine Hälfte des Reims und die schwer verdaulichen Sachen unter die andere«, entschied Jan und die beiden Geschwister machten sich ans Ausschneiden und Kleben. Bald lag ein farbenfrohes Plakat auf dem Tisch.

»Ich finde, wir sollten auch noch die Inhaltsstoffe dazu schreiben«, sagte Jan, der ganz in seinem Element war. Er schrieb an die einzelnen Sorten: ›Vitamin C, B1, B12, Niacin, Kalzium, Magnesium, Kalium‹

»Und wir haben in der Schule gelernt, dass tiefgekühltes Gemüse weniger an wertvollen Inhaltsstoffen verliert als Gemüse in der

Dose«, sagte Lea noch. »Also immer lieber tiefgekühltes Gemüse kaufen, wenn es kein frisches gibt.«

Jan schaute skeptisch auf ihr gemeinsames Werk. »Ich glaube, wir müssen das alles noch einmal neu sortieren und zusammenfassen. Da blickt ja niemand mehr durch.«

Den Rest des Abends verbrachten die Geschwister damit, zwei farbenprächtige und gut strukturierte Plakate zu basteln, die Jans Teil der Gruppenarbeit waren.

»Sollen wir nicht noch Arbeitsblätter vorbereiten, auf die wir die wichtigsten Obst- und Gemüsesorten malen? Dann können die anderen sie ausschneiden und dann die Vitamine und Nährstoffe hineinmalen?«, schlug Lea vor.

»Super Idee.« Jan war Feuer und Flamme. »Ich gebe die Blätter vorher bei unserem Lehrer ab und dann kann er sie für alle kopieren. Und alle können dann das Obst und Gemüse ausschneiden und in den passenden Farben anmalen. Dann kann man sich die Vitamine auch viel besser merken.

Walnussbrotaufstrich

20 Walnüsse,
100 g Schmand,
2 EL Olivenöl,
1 Prise Zimt,
etwas Salz

Alle Zutaten bis auf das Olivenöl im Mixer grob pürieren, dann das Olivenöl zum Schluss dazugeben und auf dunkles Brot als Brotaufstrich auftragen

Engadiner Nusstorte

Für den Teig: 160 g Butter, 150 g Zucker, 1 Prise Salz, 1 Ei, 300 g Mehl

Für den Belag: 20 g Butter, 300 g Zucker, 250 g grob gehackte Walnüsse, ¼ l Sahne, 1 Eigelb

Für den Teig die Butter schon vorher aus dem Kühlschrank holen, damit sie nicht zu hart ist. Dann die Butter mit dem Zucker, dem Salz und dem Ei verrühren. Das Mehl darüber sieben und alles zu einem Mürbeteig verkneten. Diesen dann bis zu zwei Stunden im Kühlschrank ruhen lassen. Zwei Drittel des Teiges dünn ausrollen und in eine niedrige Obstkuchenform (24cm) legen. Dabei den Rand etwas überstehen lassen.

Backofen auf 200 °C vorheizen.

Die Butter in einem Topf zerlassen, den Zucker dazugeben und unter Rühren hellbraun karamelisieren lassen. Dann die Walnüsse und die Sahne zugeben und aufkochen lassen. Den restlichen Teig zu einer runden Platte von passender Größe ausrollen. Dann die Füllung auf den Tortenboden streichen und die Teigplatte darauf legen.

Den Rand mit verquirltem Eigelb bestreichen, dann den überstehenden Rand des Teigbodens umklappen und festdrücken. Die Oberfläche mit dem restlichen Eigelb bestreichen und mit einer Gabel mehrmals einstechen. Die Torte auf der zweiten Schiebeleiste von unten 30-40 min backen und auf einem Kuchengitter abkühlen lassen.

Die Torte hält sich bis zu einer Woche.

In der Schulbäckerei

»Nächste Woche dürfen wir in der Koch-AG Brot backen«, platzte es aus Jan heraus, als er einige Wochen später aus der Schule nach Hause kam. Für seine Unterrichtsstunde zum Thema gesunde Ernährung hatte seine Gruppe eine Eins bekommen und der Lehrer hatte die Plakate der Gruppe im Bioraum der Schule aufhängen lassen.

Jans Interesse am Kochen hatte auch Einfluss auf die ganze Familie. In den letzten Wochen hatte er an manchen Tagen das Essen mit Lea zusammen vorbereitet, an anderen hatte die ganze Familie zusammen gekocht. An Feiertagen buk die Mutter öfter einmal frisches Brot oder Brötchen und die ganze Familie liebte das noch warme Brot.

»Ich würde den anderen gerne den Unterschied zwischen richtig gebackenem Brot und dem aus der Fertigpackung zeigen«, war Jans Idee. »Können wir hier zu Hause einen Sauerteigstarter ansetzen und ich nehme ihn dann mit zur Koch-AG nächste Woche?«

»Natürlich können wir das hier vorbereiten«, sagte die Mutter. »Was für ein Brot möchtest du denn backen?«

Jan musste nicht lange überlegen. »Westerwälder Kartoffelbrot«, sagte er. »Das mag bestimmt jeder und die Menge ist groß genug für alle.«

»Ich kann mich noch gut erinnern, dass wir das Brot einmal mit unseren Großeltern gebacken haben«, erinnerte sich Lea. »Als es gerade abgekühlt war, haben wir es in dicke Scheiben geschnitten und mit Butter und Pflaumenmus bestrichen. Das war echt super.«

»Dann nehme ich nächste Woche auch noch Pflaumenmus mit in die AG«, entschied Jan. »Und morgen gehe ich in den Supermarkt und kaufe eine Fertigmischung zum Vergleichen. Am besten eine ganz billige, damit die auch auf keinen Fall schmeckt«, grinste er.

Westerwälder Kartoffelbrot

1 kg Mehl (Type 405), 3 Päckchen Trockenhefe/frische Hefe, 500 g Pellkartoffeln (gepresst), 500 g rohe Kartoffeln (gerieben), 1 TL Meersalz, 1 Ei, ½–¾ l lauwarme Milch

Alle Zutaten zu einem geschmeidigen Teig verarbeiten. Teig mit einem Küchenhandtuch abgedeckt an einem warmen Ort gehen lassen. Anschließend im Backofen bei Umluft auf 175 °C eine Stunde abbacken.

Fladenbrot

450 g Weizenmehl (Type 405), 300 g Weizenmehl (Typ 1050), 1 Päckchen Backpulver, 1 Päckchen Trockenhefe, 2 gestr. TL Meersalz, 1 TL Zucker, 150 g Naturjoghurt, 150 ml lauwarmes Wasser, 4–6 EL Olivenöl, 2 Eier, Sesam, Koriander, gehackte Pistazien
1–2 EL zerlassene Butter zum Bestreichen des Brotes

Für den Teig die beiden Mehlsorten, das Backpulver und die Trockenhefe gut vermischen, dann Salz, Zucker, Joghurt, Milch, Wasser, Öl und die Eier hinzufügen. Alles gut verkneten und an einem warmen Ort so lange stehen lassen, bis sich der Teig sichtbar vergrößert hat.

Den Teig aus der Schüssel nehmen, auf der Arbeitsfläche noch einmal kurz durchkneten und dann in drei Teile teilen. Jedes Teigstück etwa 2 cm dick ausrollen und zu ovalen Fladen formen. Die Fladen auf mit Backpapier ausgelegte Backbleche legen, mit der zerlassenen Butter bestreichen und mit Sesam, Koriander, grobem Salz oder gehackten Pistazien bestreuen. Nochmal an einem warmen Ort gehen lassen, bis sich der Teig vergrößert. Dann bei 175 °C ca. 30-40 min backen.

Das fertige Fladenbrot kann mit Kräuterbutter oder Kräuterquark gegessen werden.

In den Teig können auch Brennnesselsamen eingearbeitet werden.

Besuch auf der Streuobstwiese

»Heute gehen wir nicht in die Küche«, verkündete der Lehrer, als sich die Schüler nach der Mittagspause im Gang vor der Schulküche versammelten. Er blickte in verwirrte Gesichter.

»Und was machen wir, wenn wir nicht in die Küche gehen?«, konnte Jan sich nicht zurückhalten zu fragen.

»Wir machen heute Anschauungsunterricht auf der Streuobstwiese unterhalb der Schule. Dort stehen eine Menge alter Obstsorten, die möchte ich euch gerne zeigen.«

Gemeinsam machten sie sich auf den Weg, es war ein sonniger, warmer Nachmittag und die Apfelbäume standen teils in voller Blüte, teils waren bei den frühen Sorten auch schon die ersten Früchte an den Ästen zu sehen. An den Bäumen standen Schilder mit den Sorten – »Ananasrenette«, »Jakob Lebel«, »Oriano«, »Gravensteiner« und »Prinz Albrecht von Preußen«.

Die Schüler waren überrascht. »Die meisten Namen habe ich noch nie irgendwo gehört«, sagte eine Klassenkameradin von Jan, doch dann zeigte sie auf einen Baum. »Aber da ist ein ›Granny Smith‹, den kenne ich aus dem Supermarkt und guck mal da, da steht ein ›Jonagold‹.

Der Lehrer ließ die Schüler eine Weile durch die Wiese streifen und die Bäume ansehen. Nach einer Viertelstunde sammelten sich alle in der Mitte der Wiese und der Lehrer begann zu erklären.

»Schaut mal«, sagte der Lehrer, »jede Apfelsorte hat ihren eigenen Geschmack und auch die Lagerfähigkeit ist unterschiedlich. Manche Früchte werden früher reif, manche können länger gelagert werden und dann gibt es hier auch Äpfel, die direkt nach dem Reifen verarbeitet werden sollten.«

»Und was machen wir dann mit den Äpfeln, die sofort verbraucht werden müssen?«, wollten die Schüler wissen.

»Wir können einen Streuselkuchen mit Äpfeln backen und in der Backzeit werden wir die anderen Äpfel entsaften und aus dem Saft

Apfelgelee kochen. Was haben die hier angepflanzten Bäume denn noch für eine Bedeutung?«, fragte der Lehrer weiter. »Habt ihr dazu eventuell Ideen?«

Jan, der schon sehr oft mit seinen Großeltern auf der Streuobstwiese war, meldete sich und gab sein Wissen zum Besten.

»Die Streuobstwiese ist ganz besonders wichtig, weil hier nicht nur eine Sorte Bäume steht, sondern ganz viele verschiedene Bäume. Meine Großeltern haben mir erklärt, dass diese Wiesen ganz vielen Lebewesen ein Zuhause und Nahrung geben, natürlich ganz besonders den Bienen und ihren wilden Schwestern.«

Seine Mitschüler hörten Jan interessiert zu.

»Wenn ihr ein bisschen näher an die Bäume geht, könnt ihr die Bienen die ganze Zeit hin- und herfliegen sehen. Sobald die ersten Blüten der Apfelbäume ihre Knospen öffnen, kommen die Bienen, Wildbienen und auch die Hummeln, um Pollen und Nektar zu sammeln. Wenn die Bienen und Hummeln nicht wären, könnten wir ab August keine Äpfel ernten.«

Der Lehrer zeigte auf einen Baum, an dem schon statt der Blüten kleine Früchte hingen. Noch waren die ganz grün und hart, aber im August würden dort die sogenannten Kläräpfel oder auch Augustäpfel an den Zweigen hängen.

»Sobald wir die Augustäpfel ernten können, werden wir davon ein besonderes Apfelkompott kochen – den Apfeltraum.«

Apfeltraum

500–1000 g Kläräpfel, ½ l Sahne, Sahnesteif, etwas Zimtzucker

Die Kläräpfel werden gewaschen, geviertelt und entkernt. Dann werden sie in einem Kochtopf mit ¼l Wasser zum Kochen gebracht und nach dem Garen durch ein Sieb gestrichen. Die Sahne wird mit Sahnesteif geschlagen und unter das abgekühlte Kompott gehoben.

Dann alles in Glasschälchen füllen und mit Zimtzucker leicht zuckern. Zum Verzieren einen Löffel mit Schlagsahne obenauf geben.

Besuch im Kinderkräutergarten

»Mama, schließ mal die Augen.« Jan betrat die Wohnung mit den Händen auf dem Rücken. »Ich möchte dir mal etwas an die Nase halten und du riechst daran.«

Die Mutter tat, wie ihr geheißen und hoffte, dass es sich nicht um einen von Jans berüchtigten Scherzen handelte. Sie roch sehr vorsichtig, doch Jan hatte sich keinen Scherz erlaubt, denn ein überwältigend frischer Duft stieg in ihre Nase, als sie die Luft einsog.

»Jetzt kannst du die Augen wieder aufmachen und dir den Strauß angucken«, sagte Jan voller Stolz auf seine gelungene Überraschung.

Erstaunt blickte seine Mutter auf und sah keinen Strauß mit duftenden Blüten, sondern einfach nur grün. »Wo hast du denn diesen tollen Strauß her?«

Jan grinste. »Wir waren heute mit der Klasse im Kinderkräutergarten, der direkt neben der Streuobstwiese liegt. Und die Frau, die vom Naturschutzverein Flora und Fauna e.V. da war, konnte uns nicht nur eine ganze Menge über die Kräuter erzählen, sondern auch noch einiges über die alten Apfelsorten mit den lustigen Namen – Schafsnase oder Bohnsapfel.« Bei dem Gedanken an die Namen musste er wieder kichern.

In der Zwischenzeit hatte die Mutter eine Vase geholt, in die Jan den Strauß mit den intensiv duftenden Kräutern jetzt stellte. Immer noch strömte er einen Duft aus, der sich durch die ganze Küche verteilte.

»Man, habe ich einen Durst.« Mit diesen Worten stürmte Lea, die mit dem Vater zusammen eine Fahrradtour gemacht hatte, in die Küche. Nach dem ersten Glas Wasser, das beide in einem Zug geleert hatten, schnüffelte Lea und ein breites Grinsen zog über ihr Gesicht. »Den Geruch kenne ich, das riecht nach Minze, Eberraute und – lass mich überlegen – Liebstöckl. Ich wette, ihr wart mit der Klasse im Kinderkräutergarten.«

»Wie, den kennst du auch?«, fragte Jan überrascht und auch ein wenig enttäuscht, weil er gehofft hatte, etwas zu wissen, was seine große Schwester noch nicht kannte.

»Na klar kenne ich den. Jede Klasse geht dahin. Wir waren damals im Herbst da und haben Apfel-Flammkuchen aus dem Backes gegessen«, schwärmte Lea, der bei dem Gedanken an den leckeren Flammkuchen immer noch das Wasser im Mund zusammenlief.

»Den würde ich auch gerne mal essen«, sagte Jan ein bisschen neidisch. »Aber ich fand es trotzdem heute total cool da. Ich hätte den ganzen Nachmittag an all diesen Kräutern riechen können.«

Dass der Kinderkräutergarten etwas Besonderes ist, darüber waren sich die Geschwister einig – so einig wie schon lange nicht mehr.

»Welche Kräuter hast du denn am besten gefunden?«, wollte Lea wissen. »Also ich fand den Fruchtsalbei aus Tunesien total super.«

Jan runzelte angestrengt die Stirn, legte den Kopf schräg und schaute auf den Strauß auf dem Küchentisch. »Schwer zu sagen – der Liebstöckl erinnert mich immer an Suppe, der Schnittlauch an den leckeren Kräuterquark beim Grillen. Irgendwie riechen sie alle gut.«

»Das australische Zitronenblatt fühlt sich in der Hand ganz weich an und riecht voll nach Zitrone«, erzählte Lea. »Wir haben es damals zusammen mit Erdbeerminze in den Apfelsaft getan, das war echt lecker.«

Die Mutter hatte interessiert zugehört und wollte jetzt auch mehr wissen. »Wie sieht es denn in dem Kinderkräutergarten aus? Und was gibt es da so alles?«

»Also, alles ist in so Themenbeeten angepflanzt, damit man sich besser merken kann, wofür die einzelnen Kräuter sind«, begann Jan zu erklären. »Es gibt zum Beispiel ein Bauchweh-Beet, in dem so Sachen wie Eberraute, Majoran und Thymian wachsen. Eberraute riecht übrigens genau wie Cola, wenn man an den Blättern reibt.«

»Deswegen nennt man sie auch Colaraute«, warf Lea ein.

»Dann gibt es noch Husten, Schnupfen, Heiserkeit mit allen möglichen Kräutern gegen Erkältung wie Salbei, Spitzwegerich und Lindenblüten oder Weidenrinde gegen Fieber und ein Entspannungsbeet mit Zitronenmelisse und anderen entspannenden Kräutern. Es gibt aber auch viele Kräuter, die in mehreren Beeten stehen müssten«, wusste Jan zu berichten. »Thymian zum Beispiel ist gut für den Magen, hilft aber auch bei Husten und Heiserkeit. Baldrian hilft auch beim Einschlafen und Ringelblumensalbe ist gut gegen alle möglichen Verletzungen, ob Sonnenbrand, Schnitte oder Schürfwunden.«

»Zitronenmelisse kannte ich bis jetzt nur in der Salatsauce«, gab die Mutter erstaunt zu. »Dass sie auch beim Einschlafen hilft, wusste ich noch nicht.«

»Aber sie hat auch noch einen kleinen Nachteil, wenn sie auf dem Fensterbrett oder der Terasse steht«, wusste Lea noch zu berichten. »Ihre Blüten ziehen die Insekten an, die wir ja alle nicht unbedingt in der Wohnung haben wollen.«

»Im Bauchweh-Beet steht auch Estragon.« Jetzt war Jan wieder an der Reihe. »Estragon wird an fettige Speisen getan, damit wir die besser verdauen können. Und wenn man ihn zwischen den

Basilikum

Eberraute

Fingern reibt, dann riecht er nach Anis, so ein bisschen wie Lakritz oder dieser komische Schnaps, den es immer beim Griechen gibt.«

»Du meinst Uzo?«, lachte die Mutter.

»Genau, den meine ich. Außerdem hat uns die Frau erklärt, warum man Kräuter nicht mit einem Mixer, sondern lieber mit einem Wiegemesser oder einer Kräutermühle zerkleinern sollte.«

»Und warum ist das so?«, fragte die Mutter, die oft die Kräuter im Mixer zerkleinerte, weil es einfach schneller ging.

»Weil die Kräuter Öle in sich haben, die im Mixer warm werden und dann Bitterstoffe entwickeln.« Jan war stolz, dass er seiner Mutter auch noch etwas beibringen konnte. »Es gibt auch Kräuter, die man nicht zusammen mit anderen zerkleinern sollte, weil sie sich nicht mit ihnen vertragen. Dazu gehören Liebstöckel, Dill und Petersilie.«

»Was ist mit Basilikum?«

»Basilikum verträgt sich mit anderen Kräutern, aber es schmeckt ganz besonders gut zu Tomaten und auf Pizza und weißt du, was es noch kann?« Jan blickte seine Mutter erwartungsvoll an.

Sie schüttelte den Kopf. »Ich habe keine Ahnung, aber du wirst es mir bestimmt gleich sagen.«

Baldrian

Jan grinste breit. »Wenn man bei den Hausaufgaben oder beim Lernen einen Durchhänger hat, dann zerreibt man ein paar Blättchen zwischen den Fingern und schon geht das Lernen wie von allein.«

»Was habt ihr denn heute im Kräutergarten gekocht?«, wollte Lea wissen.

»Wir haben Fladenbrot gebacken und dazu Kräuterbutter und Quark gemacht. Dabei haben wir dann auch das mit den Ölen in den Kräutern erklärt bekommen. Und die Frau hat uns auch noch etwas zu Borretsch erklärt«, fuhr Jan fort.

Jetzt schaltete sich der Vater ins Gespräch ein. »Was ist denn Borretsch?«, fragte er interessiert.

»Borretsch ist das Gurken- oder Kurkumakraut«, gab Jan stolz sein neu erworbenes Wissen weiter. »Er schmeckt nach Gurke und ganz besonders mögen ihn die Hummeln. In der Nacht ziehen die Blüten die nachtaktiven Insekten an und die Fledermäuse können sich satt fressen.«

Der Vater war beeindruckt. »Die Koch-AG hat eine Menge in Gang gesetzt. Davon können wir hier zu Hause alle profitieren. Wir sollten einiges davon in unseren Speiseplan einbauen.«

Die Mutter war in der Zwischenzeit noch einmal an den Strauß auf dem Küchentisch herangetreten. Sie fragte Jan: »Hast du etwas dagegen, wenn ich ein paar Kräuter für unseren Salat zum Abendessen nehme? Für die Salatsauce könnte ich Estragon, Zitronenmelisse, langlebige Kresse, Schnittlauch und Löffelkraut nehmen. Löffelkraut hat eine Menge Vitamin K und gibt dem Salat eine angenehme Schärfe. Und dann könnte ich noch Majoran für die Linsenpaste und Oregano für die Tomatensuppe gebrauchen.«

Jan verzog ein wenig das Gesicht. Er hatte etwas Anderes mit den Kräutern vorgehabt. »Mama, wenn du so weitermachst, dann ist der Strauß fast komplett in Suppe und Salatsauce versenkt und es bleibt gar nichts mehr übrig.«

»Hattest du denn etwas mit dem Strauß vor?«, fragte die Mutter jetzt.

»Ich wollte den Strauß trocknen und dann in Essig und Öl haltbar machen«, antwortete Jan. »Ich wollte einfach mal ausprobieren, ob das funktioniert.«

Die Mutter hatte ein schlechtes Gewissen, weil sie so einfach über Jans Strauß verfügt hatte. »Was haltet ihr davon, wenn wir uns als kleine Gruppe für eine Führung im Kinderkräutergarten anmelden? Dann erfahren wir bestimmt noch eine Menge Interessantes und mit ein bisschen Glück bekommen wir vielleicht auch den einen oder anderen Ableger.«

»Super Idee.« Lea und Jan waren begeistert. »Ich suche gleich die Email-Adresse raus und dann schreiben wir dahin.«

Als sie später beim gemeinsamen Abendbrot am Tisch saßen, erzählte die Mutter etwas, das sie von ihrer Mutter gelernt hatte.

»Als eure Großeltern noch jung waren, da gab es in den Supermärkten keine Regale voll mit Gewürzen und Kräutern und viele Gewürze waren so teuer, dass die Leute sie nicht bezahlen konnten. Also haben eure Großeltern die Küchenkräuter zum Würzen, Verfeinern und auch zum Haltbarmachen von Lebensmitteln genutzt. Sie wurden zum Beispiel getrocknet unter das Salz gemischt oder in Wein, Essig und Öl eingelegt und für die Wintermonate konserviert. Dill wurde für die Essiggurken verwendet, Petersilie wegen des hohen Vitamin C-Gehalts getrocknet und in Wein, Essig und Öl eingelegt und die grüne Soße lieferte dem Körper im Frühling nach den langen, dunklen Wintermonaten eine Menge Energie. Es gibt so viele Wildkräuter an den Wegrändern, die in den letzten Jahren völlig in Vergessenheit geraten sind. Kennt ihr zum Beispiel die Brennessel-Giersch-Suppe?«

Die Mutter schaute ihre Kinder an. »Wo ist denn bloß das Rezept hingekommen?«

»Das Rezept habe ich«, platzte Jan heraus. »Wir haben die Suppe in der Koch-AG schon gemacht und weißt du, was wir noch gemacht haben?«

»Du wirst es uns bestimmt gleich verraten«, sagte Lea. »Egal, ob wir es hören wollen oder nicht.«

Jan streckte seiner Schwester hinter dem Rücken der Eltern die Zunge heraus.

»Wir haben Brennnesselblätter in Olivenöl gebacken – schmeckt wie Chips, total lecker«, schwärmte er.

»Na, ich weiß nicht.« Lea war von dem Gedanken noch nicht so überzeugt.

»Und man kann Brennnesselsamen getrocknet im Brot mitbacken. Das ist angeblich total gesund«, wusste die Mutter noch zu ergänzen.

»Aber ich will keine Brennnesseln pflücken«, stellte Lea direkt kategorisch fest. »Ich bin doch nicht wahnsinnig und packe dieses brennende Zeug an.«

»Du darfst bloß die Härchen an den Blättern nicht berühren«, erklärte Jan seiner Schwester. »Dann passiert auch nichts.«

»Na dann kannst du ja die Brennnesseln ernten gehen«, stellte Lea fest. »Ich bin aus der Nummer jedenfalls raus.«

»Wir werden schon eine Lösung finden«, glättete die Mutter die Wogen.

Brennnessel

Giersch

Brennnessel-Giersch-Suppe

500 g Brennnesseln (am besten die jungen Triebe), 100 g Giersch, 100 ml Sahne, vegane Gemüsebrühe, einige Blätter Basilikum

Die Brennnesseln und den Giersch mit 1 Liter Wasser zum Kochen bringen. Wenn die Blätter gar gekocht sind, die Suppe mit der veganen Gemüsebrühe abschmecken.
Vor dem Servieren die Sahne und einige Blätter Basilikum dazugeben.

Brennnesselchips

Brennnesselblätter, Olivenöl

Die Brennnesselblätter vom Stängel zupfen und diese dann kurz im heißen Olivenöl anbraten. Kann auch im Fett vom Bratfisch gemacht werden.
Sie sind dann wie Kartoffelchips.

Frischer Pfefferminztee

Minzeblätter (getrocknet oder frisch), heißes Wasser

Die Minzeblätter können in frischem oder getrocknetem Zustand mit heißem Wasser aufgegossen werden. Ziehzeit 6 Minuten.
Minze kann auch als Erfrischung in Orangensaft getan werden.
Getrocknete Minze kann mit Zucker gemischt und als Süßungsmittel verwendet werden.

Sonntagsessen mit den Großeltern

»Was haltet ihr davon, wenn wir am Sonntag eure Großeltern zum Essen einladen?«, schlug die Mutter ein paar Tage später vor. »Lea und Jan, ihr könnt gemeinsam das Essen planen und vorbereiten und eure Großmutter kann euch ein bisschen etwas darüber erzählen, wie früher Lebensmittel haltbar gemacht wurden und wie die Leute anders mit der Natur im Einklang gelebt haben als heute.«

Lea und Jan waren begeistert. Sie liebten ihre Großeltern und freuten sich immer, wenn sie zu Besuch kamen. Nicht zuletzt, weil sie auch jedes Mal eine kleine Aufmerksamkeit in Form von Extra-Taschengeld dabeihatten.

»Au ja, das machen wir«, stimmte Jan enthusiastisch zu und seine Schwester nickte. Es war einer der seltenen Fälle, in denen sich die Geschwister sofort einig waren.

»Was sollen wir denn zu essen kochen?«, begann Lea sofort zu überlegen.

Jan hatte eine Idee. »Ich finde, wir sollten auf jeden Fall etwas mit Gemüse und Kartoffeln machen. Sowas mögen die alten Leute doch immer gerne.«

»Aber das ist nichts so wirklich Besonderes«, wandte Lea ein. »Gemüse finde ich ok, aber sollen wir nicht selbergemachte Kartoffelklöße oder so etwas dazu machen? Und dann vielleicht einen geschmorten Schweinebraten mit leckerer Soße?«

Jan leckte sich über die Lippen, er bekam schon bei dem Gedanken an dieses leckere Essen Hunger, obwohl er eigentlich immer Hunger hatte.

»Hört sich echt gut an«, sagte er, ergänzte aber sofort: »Aber wir brauchen noch einen richtig coolen Nachtisch, nicht nur Pudding oder Eis, sondern was richtig Ausgefallenes.«

Jetzt hatte die Mutter eine Idee. »Was haltet ihr von in Butter gebratenen Bananen in Schokosauce und dazu Vanilleeis?«

»Wow«, beide Geschwister waren begeistert. »Das hatten wir schon ewig nicht mehr.«

»Also machen wir Blumenkohl mit selbstgemachter Sauce hollandaise, Schweineschmorbraten, Kartoffelklöße und dann den Hammer-Nachtisch«, sagte Jan, dessen Magen schon wieder vernehmlich knurrte.

Am Samstagmorgen gingen alle zusammen zum Metzger, wo sie ein großes, saftiges Bratenstück erstanden und danach zum Wochenmarkt, um die frischen Zutaten für das restliche Menü zu erstehen – Blumenkohl, Kartoffel, Bananen, Eier, Frischmilch und Sahne.

»Wir brauchen auch noch ein Brötchen, das wir bis morgen trocken lassen werden«, erinnerte sich Lea, die die Rezepte am Abend vorher noch alle durchgelesen hatte.

»Es sind noch zwei Brötchen vom Frühstück übrig«, sagte die Mutter. »Davon können wir eins nehmen.«

Vollbepackt machten sie sich auf den Heimweg.

Am nächsten Morgen waren beide Geschwister gegen ihre Gewohnheit schon um neun Uhr auf und standen fertig angezogen in der Küche.

Als erstes bestrichen sie den Braten mit einer Marinade aus Salz, Pfeffer, Paprika und Senf und legten ihn in einen Bräter in den Backofen, wo er bis zum Mittagessen langsam durchgaren und zart werden sollte. Aus der Brühe würden sie dann die Soße machen.

Sie kochten die Kartoffeln, drückten sie durch die Presse und verarbeiteten sie mit den Zutaten zu einem Teig, den sie zu Klößen formten und dann zur Seite stellten. Gleichzeitig kam der komplette Blumenkohl in kochendes Wasser mit Salz und Muskat.

»Bei der Hollandaise brauchen wir aber deine Hilfe«, rief Jan ins Esszimmer, wo die Mutter gerade dabei war, den Tisch zu decken.

»Kein Problem, ich bin hier gleich fertig, dann komme ich euch helfen«, kam die Antwort.

Punkt zwölf klingelten die Großeltern und Lea und Jan öffneten ihnen die Tür.

»Ihr werdet euch wundern«, platzte Jan schon an der Haustür mit der Überraschung heraus.

»Wir wundern uns immer gerne«, antwortete die Großmutter lachend und umarmte ihren Enkel, der es notgedrungen über sich ergehen ließ. »Aber vielleicht dürfen wir zum Wundern erst einmal herein kommen.«

»Klar doch.« Jan trat einen Schritt zur Seite und öffnete die Tür ganz, so dass die Großeltern eintreten konnten.

»Das habt ihr aber wirklich großartig gemacht«, lobten die Großeltern eine Stunde später, als sie beim Nachtisch angekommen waren. »Aber seit wann interessiert ihr beide euch denn so fürs Kochen?«

»Wer kochen kann, der hat nur Vorteile«, sagte Jan mit einem Blick auf das benutzte Geschirr, das noch auf dem Tisch stand.

»Wie kommst du denn jetzt darauf?« Lea schaute ihren Bruder skeptisch an.

Jan grinste breit. »Wer kochen kann, kennt sich auch mit den Inhaltsstoffen in Obst, Gemüse und Getreide aus. Und wir haben gelernt, wie man die Portionen für Kinder und Erwachsene berechnet. Und …«, holte Jan schwungvoll aus und stieß fast das Glas mit Saft auf dem Tisch um, »wer das nicht weiß, der kauft immer falsch ein.«

»Wie kann man denn bitte falsch einkaufen?«, spöttelte seine Schwester mit hochgezogenen Augenbrauen.

»Ich glaube, ich weiß, was Jan damit meint«, sagte die Großmutter. »Es gibt Lebensmittel, die schnell verarbeitet werden müssen und andere, die bei richtiger Lagerung länger halten. Wenn man das weiß und beim Einkaufen darauf achtet, dann wird viel weniger schlecht. Und das ist nicht nur gut für die Umwelt, sondern schont auch den Geldbeutel. Wenn man dann doch einmal zuviel gekocht hat, dann gibt es Gott sei Dank ja heute Tiefkühlschränke, wo man die Sachen einfrieren kann.«

»Genau das habe ich gemeint.« Jan schaute seine Großmutter bewundernd an. »Aber trotzdem schmeckt es doch besser, wenn es frisch gekocht ist.«

»Aber Tiefkühlpizza schmeckt doch auch gut.« So schnell wollte Lea sich nicht geschlagen geben.

»Die kann man ja trotzdem ruhig ab und zu essen«, schaltete sich die Mutter in das Gespräch ein und beendete die Diskussion.

Selbstgemachte Kartoffelklöße

1 kg gekochte Kartoffeln, 200 g Mehl, 3 Eier, Salz, Muskatnuss, 1 trockenes Brötchen

Das trockene Brötchen in kleine Würfel schneiden und in der Pfanne rösten. Dann die Kartoffel kochen und durch die Presse drücken. Die Kartoffelmasse wird mit Mehl, Eiern und den Gewürzen zu einem geschmeidigen Teig verarbeitet.

Beim Formen der Klöße die gerösteten Brotwürfel in die Mitte geben. Die fertigen Klöße werden vorsichtig in kochendes Salzwasser gelegt und garen dort circa 20 Minuten.

Schweineschmorbraten

Schweinebraten (pro Person ca. 250 g), Senf, Salz, Pfeffer, Paprika, 1 Zwiebel, Olivenöl

Das Fleisch waschen und mit einem Küchentuch abtupfen. Aus dem Senf und den Gewürzen eine Marinade anrühren und den Braten komplett damit bestreichen. Den Braten in einem Topf mit heißem Öl rundherum scharf anbraten, dann bis zur Höhe von zwei Dritteln mit Wasser aufgießen, die geschälte Zwiebel dazugeben und alles bei mittlerer Hitze circa eine bis anderthalb Stunden (je nach Größe des Bratens) schmoren lassen. Von Zeit zu Zeit wenden.

Aus der Brühe wird hinterher die Soße gemacht.

Blumenkohl mit Sauce hollandaise

1 Blumenkohl, Muskat, Salz

Den Blumenkohl von den Blättern befreien, waschen und komplett in den Topf legen. Mit Wasser, Salz und Muskat kochen, bis der Kohl gar ist.

Zutaten für die Hollandaise: 4 Eier, 100 g Butter, 50 ml Sahne, ¼ TL Pfeffer, ½ TL Salz, 1–2 EL Zitronensaft

Butter in einem kleinen Topf zerlaufen lassen, dann das Eigelb, die Gewürze und den Zitronensaft unterrühren. Die Sahne dazugeben und unter städigem Rühren circa 5 Minuten köcheln.

Frankfurter Grüne Soße

für 4 Personen:
200 g frisch geerntete Kräuter (Borretsch, Kerbel, Gartenkresse, Petersilie, Pimpernelle, Sauerampfer, Schnittlauch), 125 g Mayonnaise, 2 Becher Joghurt, Salz, Pfeffer, Zucker, Senf, Saft von 1 Zitrone (alternativ Obstessig), 8 hartgekochte Eier

Die Kräuter zerkleinern, dann die Zutaten außer den Eiern verrühren und mit den Gewürzen abschmecken. Danach die Kräuter vorsichtig unterheben und zum Schluss die erkalteten Eier vierteln und vorsichtig unterheben.

Die Soße passt zu neuen Kartoffeln, Rinder-Suppenfleisch, Fisch oder auf Toastbrot.

Bechamelsoße

1 Zwiebel, 100 g Schinkenspeck (ist kein Muss), 20 g Fett, 40 g Mehl, ¼ l Gemüsebrühe, ¼ l Milch, Salz, Pfeffer, Muskat, 1 Spritzer Zitronensaft

Die Zwiebel würfeln und in dem Fett glasig dünsten, dann das Mehl darin anschwitzen und mit der Gemüsebrühe und der Milch auffüllen und gut durchkochen. Mit Salz, Pfeffer, Muskatnuss und Zitronensaft abschmecken.

Die Soße schmeckt gut zu Kartoffeln, Schwarzwurzeln, Brokkoli, Möhrengemüse, Blumenkohl und Wirsing.

Helle Grund-Soße

35 g Butter, 35 g Mehl, ½ l Gemüsebrühe, Salz

Butter zerlassen, das Mehl darin hellgelb anschwitzen und die kalte oder lauwarme Gemüsebrühe unter ständigem Rühren nach und nach zufügen. Zehn Minuten auf kleiner Flamme gut durchkochen.

Diese Basis kann man mit Senf, Meerrettich, Kapern, Knoblauch, Zitrone oder Curry je nach Geschmack variieren.

Frühjahrsmüdigkeit

Es war Mitte Mai und draußen begann alles zu sprießen. Nur mit Lea und Jan war schon seit zwei Wochen nichts anzufangen. Besonders Lea, die mitten in der Pubertät steckte und mit unreiner Haut und Stimmungsschwankungen zu kämpfen hatte, hatte das Gefühl, sie könne von morgens bis abends nur schlafen.

»Ich will nicht in die Schule, ich kann heute echt nicht.« Sie saß am Frühstückstisch und stützte den Kopf in die Hände.

»Hier, probier das mal.« Ihre Mutter stellte ein Glas mit einer milchig-grünen Flüssigkeit vor sie hin.

Lea rümpfte abwertend die Nase. »Iiih, was ist das denn für ein ekelhaftes Gebräu?«

Ihre Mutter lachte und stellte ebenfalls ein Glas vor Jan hin, der ganz gegen seine Gewohnheit lustlos in seinen Cornflakes herumstocherte. Auch er wirkte ganz und gar nicht begeistert.

»Du glaubst doch nicht ernsthaft, dass ich dieses komische Zeug trinke?«, fragte er seine Mutter.

Die Mutter lachte laut auf. »Na, ihr beiden stellt euch ja vielleicht an. Ihr könnt es ruhig trinken. Es ist Kräuter-Buttermilch, die habe ich extra für euch heute Morgen gemacht, weil ihr so in den Seilen hängt. Davon trinkt ihr jetzt die nächsten beiden Wochen jeden Morgen ein Glas und dann ist es mit eurer Frühjahrsmüdigkeit vorbei.«

»Frühjahrsmüdigkeit? Gibt es die überhaupt wirklich und wo soll die denn herkommen?«, wollte Lea wissen, die das Glas immer noch sehr skeptisch beäugte.

Die Mutter goss sich einen Kaffee ein und setzte sich mit an den Tisch.

»Das ist eigentlich ganz einfach«, erklärte sie. »Den ganzen Winter vermisst unser Körper das Sonnenlicht, das er braucht, um Vitamin D zu bilden. Deswegen müssen wir uns ja gerade im Winter besonders gesund ernähren, um unser Immunsystem zu stärken. Ihr habt ja auch schon gemerkt, dass wir im Winter viel anfälliger für alle möglichen Infekte sind als im Sommer.«

Jan nickte. »Aber warum ist man dann ausgerechnet, wenn die Sonne wieder da ist, total müde?«

»Im Frühjahr fängt der Körper mit Hilfe des Sonnenlichts wieder an, alle Systeme hochzufahren.«

»So wie bei einem Neustart vom Computer?«, platzte Lea heraus.

»So ähnlich«, nickte ihre Mutter. »Und dafür braucht der Körper eine Menge Energie und wenn er die dann aufbringen muss, dann werden wir schneller müde. Also müssen wir unserem Körper ein bisschen dabei helfen und Hochleistungssprit in den Tank schütten.«

»Aha«, Jan hob das Glas an und drehte es im Licht hin und her. »Und dieses Gebräu hier soll sowas wie Hochleistungssprit sein?«

»Ist es«, antwortete die Mutter geduldig. »Probiert es aus und so schlimm schmeckt es wirklich nicht.«

Die beiden tranken vorsichtig einen ersten Schluck. »Gut, es schmeckt deutlich besser als es aussieht«, gab Jan zu. »Aber was ist jetzt da drin?«

»Ich habe fünf verschiedene Kräuter zerkleinert und sie zusammen mit dem Saft von einer Zitrone mit der Buttermilch verrührt. Da sind eine Menge Vitamine und durch die Milch vor allem Calcium drin. Das gibt unserem Körper zusätzlich Kraft.«

Lea und Jan hatten inzwischen ausgetrunken und machten sich auf den Weg in die Schule. Auf dem Weg grübelte Jan noch lange über den Vergleich mit dem Sprit nach. Das würde er auch in der Koch-AG vorschlagen.

Kräuter-Milch/ Kräuter-Buttermilch

1 l Milch / Buttermilch,
4–5 EL zerkleinerte Kräuter
(Borretsch, Dill, Estragon, Kerbel, Petersilie, 1 Blatt Liebstöckel),
Saft von 1 Zitrone

Die zerkleinerten Kräuter und den Zitronensaft in die Milch/Buttermilch mixen und trinken, um sich fit zu halten.

Frühjahrskur mit Wildkräutern

1 l Buttermilch,
7 Spitzen von der Brennnessel,
4 kleine Blättchen Giersch,
7 kleine Blättchen Sauerampfer,
7 frische zarte Blättchen Löwenzahn,
4 Stängel Labkraut mit kleinen spitzen Blättchen,
4 Blättchen Schafgarbe,
4 Blättchen Spitzwegerich (ohne Blüte)

Alle Kräuter waschen und zerkleinern und dann mit der kalten Buttermilch mixen.

Täglich als Zwischenmahlzeit maximal 14 Tage lang davon trinken. Die Kur hat einen hohen Sättigungswert.

Beim Ernten der Kräuter darauf achten, nur von nicht gedüngten Wiesen zu ernten.

7-Kräuter-Soße

½ Tasse Öl, 200 g saure Sahne, 150 g Joghurt, Saft einer Zitrone, 2 TL Senf, 1 feingehackte Zwiebel, 1 zerdrückte Knoblauchzehe, Petersilie, Dill, Kerbel, Borretsch, Zitronenmelisse, Kresse, Estragon, Sauerampfer, Pimpernelle, 7 hartgekochte Eier, Salz, Zucker

Die ersten sieben Zutaten verrühren, mit Salz und Zucker abschmecken, dann die gehackten Kräuter darunter mischen. Die Eier pellen, grob hacken und vor dem Servieren unter die 7-Kräuter-Soße heben. Dazu passen die ersten Frühkartoffeln.

Variation: Statt der Küchenkräuter können auch 7 Wildkräuter genommen werden: Brennnessel, Giersch, Sauerampfer, Schafgarbe, Löwenzahnblätter, Pimpernelle, Engelwurz (nur wenig)

Sauerampfer

Petersilie

Spitzwegerich

Zitronenmelisse

Frühjahrszeit – Kartoffelzeit

»Mama, haben wir schon Kartoffeln in unserem Garten?«, platzte Jan mit seiner Frage heraus, noch bevor er die Wohnung richtig betreten oder seinen Rucksack abgestellt hatte.

Die Mutter war ein wenig überrascht. Wieso fragte ausgerechnet Jan, der sonst eher ein Kartoffelmuffel war und Nudeln jeder anderen Beilage vorzog, nach Kartoffeln.

»Ich weiß es nicht, ob die Kartoffeln in unserem Beet schon so reif sind, dass wir sie ernten können«, antwortete sie wahrheitsgemäß. »Aber wozu brauchst du denn die neuen Kartoffeln? Sonst verziehst du immer das Gesicht, wenn es hier Kartoffeln gibt?«

»Wir haben aber heute in der Koch-AG über die Kartoffel gesprochen und ich hätte ja nie gedacht, was die alles kann«, sprudelte es aus Jan heraus.

»Achja, und was kann sie so Besonderes?«, hakte die Mutter nach, die selber einiges über die Kartoffel wusste, aber das jetzt auch einmal gerne von ihrem Sohn hören wollte.

»Also«, holte Jan Luft und begann dann, sein neu erworbenes Wissen zu präsentieren. »Die Kartoffel hat eine ganze Menge Vitamine, am meisten Vitamin C, aber auch Vitamin A und welche aus der B-Gruppe. Und es ist ein Ammenmärchen, dass Kartoffeln dick machen, das tun sie nämlich gar nicht. Dass die Leute dick werden, liegt daran, dass sie die Kartoffeln mit zu viel Fett und Salz kochen. Und was noch ganz wichtig ist«, wusste Jan noch zu ergänzen, »ist, dass Kartoffeln Mineralstoffe und Spurenelemente wie Natrium, Kalium, Kalzium, Phosphor und Eisen enthalten.«

Triumphierend sah er seine Mutter an. Dass er sich diese ganzen komischen Namen aus der Schule bis nach Hause hatte merken können, hätte sie wohl nicht erwartet.

»Ich bin beeindruckt«, gab seine Mutter zu. »Aber hat euer Lehrer euch auch etwas zur Lagerung von Kartoffeln gesagt, also worauf man achten muss, wenn man Kartoffeln über längere Zeit aufhebt?«

Jan schüttelte den Kopf. »Ne, dazu hat er nichts gesagt. Reicht es denn nicht aus, sie einfach in die Vorratskammer zu stellen?«

»Nein, das reicht nicht«, grinste seine Mutter. »Kannst du dich noch daran erinnern, dass unsere Kartoffeln letztens grüne Stellen hatten?«

»Ja«, Jan konnte sich erinnern, er hatte es aber nicht so wichtig genommen. »Was ist denn daran so schlimm?«

»Die grünen Stellen entstehen, wenn Licht auf die Kartoffeln fällt. Sie enthalten dann das giftige Solanin, das bereits in geringen Mengen Magenkrämpfe, Kopfschmerzen und Durchfall verursachen kann. Leider kann man das Solanin beim Kochen der Kartoffeln nicht zerstören, deswegen ist es so wichtig, die Stellen beim Schälen herauszuschneiden.«

»Also, wenn man will, dass jemand die Nacht auf dem Klo verbringt, dann gibt man ihm einfach Kartoffeln mit grünen Stellen?«, grinste Jan.

»Theoretisch schon«, sagte seine Mutter und musste sich das Lachen verkneifen. »Hast du jemand Bestimmtes im Sinn?«

»Nein«, schüttelte Jan lachend den Kopf. »War nur so eine Idee.«

»Aber weißt du, dass die Kartoffel auch Heilkräfte besitzt?«, wollte die Mutter jetzt wissen.

»Heilkräfte? Was kann die denn?«

»Der Saft, der aus rohen Kartoffeln gepresst wird, kann innerlich bei Magenbeschwerden und äußerlich bei Verletzungen oder Geschwüren angewendet werden. Und wenn man zum Beispiel mit bloßen Augen in einen Lichtbogen vom Schweißen guckt, dann lindern rohe Kartoffeln das Reiben und Brennen. Erinnerst du dich, wie dein Vater das vor zwei Wochen hatte? Da hat er sich auch die rohen Kartoffeln auf die Augen gelegt.«

Jan musste grinsen. »Sah witzig aus.«

»War aber sehr unangenehm, das kannst du dir vorstellen«, sagte seine Mutter. »Das fühlt sich an, als wenn du Sand in den Augen hättest.«

»Und dagegen helfen rohe Kartoffeln?« Jan konnte sich das nicht vorstellen. »Wie soll das denn funktionieren?«

»Wir haben ihm die rohen Scheiben auf die geschlossenen Augen gelegt und dann einen feuchten Lappen darüber gelegt. Das kühlt die gereizte Haut und der Saft der Kartoffel bildet einen Schmierfilm zwischen Hornhaut und Augenlid, der das Gefühl von Sand in den Augen lindert.«

»Cool.« Jan war beeindruckt. Die Kartoffel war ja scheinbar ein ziemlich vielfältiges Gemüse.

»Wir können ja einfach mal eine Woche alle möglichen Rezepte mit Kartoffeln ausprobieren«, schlug die Mutter vor. »Ich kenne da eine Menge leckerer Sachen, die auch dir und deiner Schwester schmecken werden.«

»Wie ist die Kartoffel eigentlich nach Deutschland gekommen? Unser Erdkundelehrer hat gesagt, sie kommt ursprünglich aus Südamerika.«

»Dass sie aus Südamerika kommt, das ist richtig«, erklärte die Mutter. »Wie genau und auf welchen Wegen sie nach Europa gekommen ist, darüber gibt es verschiedene Theorien. Fest steht, dass im Herbst 1567 Kartoffeln, Orangen und Zitronen aus Gran Canaria in Antwerpen eintrafen. Von Spanien aus verbreitete die Kartoffel sich nach und nach in ganz Europa und die Leute hier erkannten, dass sie sehr nahrhaft und gesund ist.«

»Super, das schreibe ich auch noch auf«, sagte Jan. »Dann kriege ich bestimmt eine gute Mitarbeitsnote.«

Kartoffelkugeln mit Petersilienbutter

1 kg Kartoffeln, 70 g Butter,
1 EL fein gewiegte Petersilie, Salz

Aus großen rohen, geschälten Kartoffeln werden Kugeln ausgestochen (die Ausstecher kann man im Handel kaufen) und dann in Salzwasser weich gekocht.
In der Zwischenzeit die Butter auf dem Herd in einem Topf langsam zerlaufen lassen. Sie sollte nicht zu heiß werden. Die fertigen Kartoffeln richtet man in einer Schüssel an, übergießt sie mit der Butter und gibt die Petersilie dazu.
Die Kartoffelkugeln passen ausgezeichnet zu Fisch.
Die restlichen rohen Kartoffelstücke können gegart oder gerieben werden und daraus Püree oder Reibeplätzchen gemacht werden.

Kartoffelpuffer/ Reibeplätzchen

8–10 rohe Kartoffeln, 1 Ei, 1 EL saure Sahne,
50 g Haferflocken, Salz, Backfett/Pflanzenöl

Die rohen, geschälten Kartoffeln werden in der Küchenmaschine fein gerieben und dann mit den restlichen Zutaten zu einem Teig verarbeitet.
In einer Pfanne das Fett/Öl erhitzen und ins heiße Fett die Kartoffelmasse in der gewünschten Größe geben. Diese von beiden Seiten hellgelb backen.
Dazu schmecken Apfelkompott, Quark, Pflaumenmus oder auch Milchreis (das ist regional unterschiedlich).

Gedämpfte Kartoffeln

1 kg festkochende Kartoffeln, 1 dicke Zwiebel, 1 Tasse Wasser, Salz, weißer Pfeffer, 1 Lorbeerblatt, Fett

Die rohen Kartoffeln werden geschält, abgespült, abgetrocknet und in feine gleichmäßige Streifen geschnitten (das geht auch mit einem Pommes frites-Schneider).
In einem Bräter wird das Fett erhitzt und die Kartoffelstifte hineingegeben. Bis die Kartoffeln hellgelb werden, werden sie regelmäßig gewendet. Dann die zerkleinerte Zwiebel, die Gewürze und das Lorbeerblatt dazugeben und alles mit der Tasse Wasser ablöschen. Den Bräter mit dem Deckel verschließen und die Kartoffeln unter regelmäßigem Wenden garen.
Zu diesem Gericht passen Salat, Bratfisch, Steak oder Schnitzel.
Früher wurde oft, nachdem ein Schwein geschlachtet wurde, der Saumagen oder Schwartemagen auf das Gericht gegeben, der sich dann auf den warmen Kartoffeln auflöste.

Kartoffel-Kürbis-Reibeplätzchen

750 g Kartoffeln, 300 g Hokkaido-Kürbis, 3 Eier, 1 dicke Zwiebel, 50 g feine Haferflocken, Salz, Pfeffer, Muskatnuss, Bratfett

Den Kürbis gut waschen und dann mit seiner Schale in eine große Schüssel reiben. Die rohen Kartoffeln schälen und reiben und alle Zutaten gut vermischen. Bei wässrigen Kartoffelsorten überschüssige Flüssigkeit wegnehmen, bevor die restlichen Zutaten untergerührt werden.
Das Fett in einer Pfanne auf dem Herd erhitzen, den Teig mit einem Löffel portioniert in die Pfanne geben und von beiden Seiten goldgelb backen. Dazu passen Apfelkompott, Quark, Holunder- oder Apfelgelee.

Backofen-Kartoffeln

festkochende neue Kartoffeln, Butter/Margarine, Salz/Pommes frites-Gewürzsalz

Die Kartoffeln waschen und halbieren. Dann die Schnittseite der Kartoffeln mit der Butter/Margarine bestreichen und dem Salz bestreuen.
Die Kartoffelhälften mit der bestrichenen Seite nach oben auf ein Backblech legen und im Backofen circa 25 Minuten, bzw. bis die Kartoffeln an den Rändern goldbraun werden, bei 200 °C Umluft backen.

Kartoffel-Kürbis-Püree

1 kg Kartoffeln, 500 g Kürbis, Salz/Gemüsebrühe, 100 g Butter, ½ l Milch, 1 Bund Petersilie, (200 g geriebener Gouda)

Die Kartoffeln schälen, waschen, vierteln und dann in einem Kochtopf mit Wasser gar kochen. Den Kürbis nicht zusammen mit den Kartoffeln garen, sondern separat. Nachdem Kürbis und Kartoffeln gar sind, die Milch und die Butter gemeinsam erhitzen. Die heißen Kartoffeln und den Kürbis entweder durch eine Presse drücken oder zu einem dicken Brei stampfen. Unter ständigem Rühren das Butter-Milch-Gemisch dazu geben und mit Salz/Gemüsebrühe würzen. Man kann auch noch 200 g geriebenen Gouda unterrühren. Petersilie zur Dekoration.
Das Püree passt zu kurz gebratenem Fleisch, Fisch, Tofu, Bratlingen, aber auch mit Endiviensalat und Spiegelei.
Reste kann man in der Pfanne wie Reibeplätzchen anbraten oder auch einfrieren.

Reise durch die Jahreszeiten

Jan kam eine Stunde vor Lea aus der Schule nach Hause. Nachdenklich setzte er sich an den Küchentisch und drehte einen Apfel und eine Banane aus der Obstschale in seiner Hand hin und her.

»Worüber denkst du nach?«, fragte seine Mutter, die gerade am Herd stand und Gemüse für den Eintopf putzte.

»Wir hatten heute in Erdkunde eine Stunde mit dem Thema Nachhaltigkeit und unsere Lehrerin hat gesagt, dass viel zu viele Lebensmittel heute lange Wege transportiert werden, damit man zu jeder Jahreszeit alles kaufen kann. Aber das ist doch eigentlich eher gut als schlecht.« Jan blickte seine Mutter fragend an. »Es ist doch toll, dass wir das ganze Jahr essen und kaufen können, worauf wir Lust haben.«

Seine Mutter wiegte den Kopf hin und her. Sie wusste zuerst nicht, wie sie das richtig erklären konnte.

»Natürlich ist es für uns schön, dass wir das ganze Jahr zum Beispiel Erdbeeren essen können, aber für die Umwelt ist es wirklich schädlich. Nehmen wir die Erdbeeren mal als Beispiel. Hier in Deutschland wachsen Erdbeeren von Juni bis September. In dieser Zeit können wir hier die heimischen Erdbeeren essen. Die werden in Deutschland angebaut und auch hier geerntet und verarbeitet.«

»Aber ich mag Erdbeeren das ganze Jahr«, wandte Jan ein, dem der Gedanke, nur vier Monate im Jahr sein Lieblingsobst essen zu können, gar nicht schmeckte.

»Das kann ich ja auch irgendwie verstehen«, gab seine Mutter zu, »aber die Erdbeeren im Winter werden in Spanien oder anderen Ländern in Gewächshäusern angebaut – unter künstlicher Sonne, mit Dünger und mit Bewässerung. Dann werden sie geerntet, verpackt und mit LKWs nach Deutschland gefahren. All das kostet Strom, Wasser und Diesel und belastet die Umwelt. Und die Erdbeeren sind ja nur ein Beispiel dafür. Wenn wir das mit allem Obst machen, kommt eine ganze Menge Umweltbelastung dazu.«

Jan rümpfte die Nase. Er verstand, was seine Mutter damit meinte, aber zufrieden war er trotzdem nicht, was man ihm auch ansehen konnte.

»Wir haben so viele leckere Sachen, die wir essen können, auch wenn wir uns ein bisschen an die Jahreszeiten halten«, ergänzte seine Mutter noch. »Und was das Beste ist, wenn wir immer das essen, was gerade wächst, nehmen wir viel mehr Vitamine und Nährstoffe auf als mit künstlich gezüchteten Sachen. Außerdem hält jede Jahreszeit ihre wichtigen Nahrungsmittel für uns bereit. Im Sommer, in dem es heiß ist und wir uns lieber leicht ernähren, gibt es Salate und Früchte, im Winter die fetthaltigen Nüsse und die kräftigen Gemüse wie Wirsing und Rosenkohl. Übrigens, weißt du, zu welcher Familie die Erdbeere gehört?«

»Na zu den Früchten, wozu denn sonst?«, platzte Jan heraus wie aus der Pistole geschossen.

»Falsch«, lächelte seine Mutter. »So denken ganz viele Menschen, aber in Wahrheit gehört die Erdbeere zur Familie der Nüsse. Das wiederum erklärt, dass viele Leute, die eine Nussallergie haben, auch keine Erdbeeren essen dürfen.«

»Ja, schon klar«, entgegnete Jan spöttisch. »Jetzt willst du mich aber auf den Arm nehmen. Erdbeeren und Nüsse haben ja wohl keine Ähnlichkeit miteinander.«

»Es ist aber so.« Diesen Einwand hatte seine Mutter schon ganz oft gehört. »Und selbst wenn wir im Winter keine frischen Erdbeeren essen können, können wir doch Erdbeermarmelade essen oder im Sommer Erdbeeren einfrieren, damit wir sie im Winter auftauen können.«

Diese Möglichkeit, doch nicht so ganz auf die Erdbeeren im Winter zu verzichten, hatte Jan nicht bedacht und sie versöhnte ihn ein wenig.

»Aber was sind denn jetzt so die typischen Nahrungsmittel für die Jahreszeiten?«, fragte er und packte seinen Collegeblock aus, denn die Hausaufgabe war, für jede Jahreszeit die heimischen Obst-

und Gemüsesorten aufzuschreiben und Vorschläge für Gerichte zu machen, die das ganze Jahr gegessen werden können

»Im Frühjahr gibt es die Brennnesselsuppe, Backofenkartoffeln mit Kräuterquark, die Sauerampfersuppe und beim Obst sind es natürlich der Rhabarber und die Erdbeeren. Zum Sommer hin gibt es die Blattsalate, Tomaten, Gurken, Zucchini und natürlich auch die selbstgemachte Pizza.«

»Aber selbstgemachte Pizza essen wir auch im Winter«, brachte Jan seinen nächsten Einwand vor.

»Das stimmt«, bestätigte seine Mutter. »Tomaten kann man sehr gut passieren, einfrieren oder anders haltbar machen. Die frischen Kräuter können wir durch getrocknete ersetzen und Käse und Hefeteig gibt es zu jeder Jahreszeit.«

»Die anderen in meiner Klasse sagen immer, dass Hefeteig voll schwer zu machen ist.«

»Das stimmt so nicht«, erklärte die Mutter. »Es gibt ein paar Sachen, auf die man beim Hefeteig achten muss. Es ist wie mit den Menschen – niemand will gerne im Durchzug stehen und keiner lässt sich gerne von kalten Händen anfassen. Genau das mag der Hefe-

teig auch nicht. Er mag es warm, aber nicht zu heiß und darf nicht im Durchzug stehen. Dann klappt das einwandfrei. Und für Hefeteig braucht man gar nicht viel – nur Mehl, Hefe, Zucker, Wasser und ein wenig Salz.«

»Ok, also kommt Hefeteig an die Seite fürs ganze Jahr.« Jan wollte mit der lästigen Hausaufgabe fertig werden. »Was gibt es denn sonst noch?«

»Oh, eine ganze Menge. Im Spätsommer, also nach den Sommerferien kann ganz viel geerntet werden. Äpfel für Gelee, Kuchen, Kompott, Apfelpfannkuchen und Saft, Kürbis und Kartoffeln für Kartoffel-Kürbis-Reibeplätzchen, Kartoffelsalat und Kürbissuppe, Gemüse für Gemüsegulasch und Aufläufe und natürlich all das andere Obst für leckere Nachtische, wie zum Beispiel Pflaume oder Birne mit warmer Schokoladensoße. Im Winter arbeiten wir dann mit den haltbar gemachten oder eingefrorenen Lebensmitteln und dann können wir Crêpes mit süßen Zutaten oder geriebenem Käse machen.«

»Dann habe ich ja schon eine ganze Menge.« Jan schaute auf sein Blatt, auf dem er fleißig mitgeschrieben hatte. So schnell war er mit seinen Hausaufgaben selten fertig gewesen. »Kann ich noch was zu Ernährung allgemein schreiben?«

»Ich würde noch schreiben, dass das Wichtigste an der Ernährung die Vielseitigkeit ist und dass auch die Insekten davon profitieren, wenn die heimischen Pflanzen angebaut werden statt riesiger Monokulturen wie Raps. Essen ist nicht nur da, damit wir satt werden, sondern es spielt eine unheimlich wichtige Rolle für unseren Körper. Der zeigt uns übrigens ganz deutlich, wenn ihm was an unserer Ernährung nicht passt, zum Beispiel mit Pickeln, Unwohlsein, Schlafstörungen oder innerer Unruhe – das ist, wenn man müde ist, aber trotzdem nicht einschlafen kann«, ergänzte die Mutter noch schnell, als sie Jans fragenden Blick sah. »Sogar Zucker gehört zu einer gesunden Ernährung dazu, es darf eben nur nicht zu viel werden.«

Selbstgemachte Spätzle

für 2 Personen:
150 g Mehl, 1 Ei,
Salz, etwas Wasser

Aus Mehl, Salz, Ei und dem Wasser wird ein Teig zubereitet. Dieser muss ½ Stunde ruhen. In der Zwischenzeit wird der Topf mit so viel Wasser gefüllt, dass die Spätzle darin schwimmen können. Das Salzwasser wird zum Kochen gebracht und der Teig wird mit der Spätzlereibe ins kochende Wasser gerieben. Wenn die Spätzle nach 5 bis 10 Minuten nach oben kommen, sind sie gar.

Serviervorschlag: In einer Pfanne 2 EL Butter erhitzen und eine kleine Zwiebel gewürfelt ins Fett geben. Die Zwiebel glasig dünsten, die Spätzle dazu geben, 150 g geriebenen Käse (beliebige Sorte) darüber streuen und alles gut durchmischen.
Es schmeckt mit Sauerkraut gemischt oder mit frischem Spinat, Brennnessel-Giersch-Mischung gewürzt mit Muskatnuss und geriebenem Käse.

Selbstgemachte Nudeln mit Tomatensoße

für 3–4 Personen:
Nudelteig:
6 Eier, 600 g Mehl, 1 TL Salz, 3 EL Olivenöl

Das Mehl in eine große Schüssel geben und in der Mitte eine Vertiefung machen. Die Eier einzeln in einem separaten Schälchen aufschlagen und dann in die Vertiefung geben. Dann das Salz und das Öl auf das Mehl geben und von der Mitte aus den Nudelteig zubereiten.
Den Teig in einzelne Streifen aufteilen, die dann durch die Nudelmaschine gedreht werden. Die Nudelmaschine hat verschiedene Vorrichtungen für Bandnudeln, Spaghetti, usw. Der Teig darf bei Verarbeitung nicht zu nass sein.
Dann reichlich Salzwasser zum Kochen bringen, die Nudeln hineingeben und 5 bis 7 Minuten garen.

Tomatensoße:
500 g frische Tomaten, 500 g passierte Tomaten,
1 Zwiebel, 1 Zehe Knoblauch,
Gemüsebrühe, frisches Basilikum

Die Zwiebel in feine Würfel schneiden und in einem Topf mit Olivenöl erhitzen. Die frischen Tomaten würfeln und dazugeben. Alles kurze Zeit garen, dann mit 500 g passierten Tomaten aufgießen und mit Gemüsebrühe abschmecken. Zum Schluss die fein geschnittene Zehe Knoblauch und frisches Basilikum dazugeben.

Crêpes

für 4 Personen:
1/8 l Milch, 4 Eier, 1 Prise Salz, 100 g Mehl, 2 EL Butter, 1EL Puderzucker

Die Eier und die Milch kräftig aufschlagen und dann das Mehl hineinsieben. Die Butter zerlassen und dann in den Teig geben. Danach alles noch einmal gut durchrühren.
Die Crêpes auf dem Crêpes-Eisen abbacken. Sie können entweder mit Puderzucker bestreut, Nutella oder Marmelade bestrichen oder mit geriebenem Käse bestreut werden.

Eier-Pfannkuchen

4 Eier, 1/8 l Milch, 1 Prise Salz, 150 g Mehl

Die Eier aufschlagen, dann die Milch dazugeben und die Prise Salz und das Mehl unterrühren.
In einer Pfanne 2 EL Butterfett erhitzen und den Teig in kleine/ große Pfannkuchen abbacken.
Die Pfannkuchen können auch mit Beeren, Äpfeln oder Brennnesselblättern (die man leicht in den Teig drückt) zubereitet werden.
Sie schmecken auch mit frischem, bunten Salat, Hackfleischsoße, Pilzen oder Spargelgemüse.
Süß können sie auch mit Zimt und Zucker oder herzhaft mit geriebenem Käse gegessen werden.

Römischer Schildsauerampfer

für 4 Personen:
1 Zwiebel, 2 EL Mehl, 2-3 Eier, ¾ l Gemüsebrühe, Blätter vom Sauerampfer

Die Zwiebel würfeln und in Butter andünsten, dann 2 EL Mehl dazu geben und alles gut verrühren. Mit der Gemüsebrühe aufgießen und 5 Minuten leicht köcheln lassen.
In der Zwischenzeit 2-3 Eier hart kochen. Dann die klein gehackten Blätter des Schildsauerampfers dazugeben. Nach Bedarf mit Sahne abschmecken und zum Schluss die geviertelten, gekochten Eier dazugeben.
Die Blätter vom Sauerampfer erst nach dem Andünsten dazugeben, dann schmecken sie besser.

Schildsauerampfer

Pizza

für 4 Personen:
Teig:
30 g Trockenhefe, 400 g Weizenmehl Typ 405,
½ TL Zucker, 1 TL Meersalz,
4 EL Olivenöl, 225 ml lauwarmes Wasser

Belag:
500 g passierte Tomaten
(alternativ 2 x 400 g gehackte Tomaten aus der Dose),
3 EL Olivenöl, Oregano- und Basilikum-Blättchen,
250 g geriebener Gouda

Das Mehl in eine große Schüssel geben und die anderen Zutaten mit dem lauwarmen Wasser in einer kleinen Schüssel gut verrühren. Den Inhalt der kleinen Schüssel zu dem Mehl geben und alles zu einem glatten, geschmeidigen Teig verarbeiten. 30 Minuten mit einem sauberen Küchenhandtuch abgedeckt ruhen lassen (wichtig ist, den Teig keinem kalten Luftzug auszusetzen).
Den Backofen auf 200 °C vorheizen, das Backblech mit etwas Mehl bestäuben. Dann den Teig auf einer mit Mehl bestäubten Arbeitsplatte gut durchkneten und auf dem Backblech ausrollen. Mit den gewürzten Tomaten bestreichen und mit dem Gouda bestreuen und circa 20–25 Minuten backen, bis die Ränder hellbraun und der Käse goldgelb werden.
Nach Belieben kann die Pizza mit anderen Zutaten, z. B. Schinken, Pilze, Salami, Thunfisch, Zwiebeln, etc. belegt werden.

Gemüsegulasch aus Bio-Gemüse

200 g Möhren, 1 rote und 1 gelbe Paprika, 1 Weißkohl, 200 g Sellerie-Knollen, 1 Stange Lauch, 1 dicke Zwiebel, 3 Knoblauchzehen, 1 Bund Petersilie, 200 g Sahne, 3 EL Creme fraîche, 5 EL Rapsöl, Salz, Currypulver (im Winter 200 g Kürbis)

Die Zwiebel fein würfeln, den Weißkohl und den Lauch in feine Streifen schneiden. Die Möhren putzen. Möhren und Paprika in gleichmäßig große Streifen schneiden. Den Sellerie putzen und auf der Käsereibe grob hobeln.
Das Rapsöl in der Pfanne erhitzen (es ist heiß genug, wenn der Stiel eines Holzlöffels hineingehalten wird und sich Bläschen bilden). Dann die Möhren hineingeben und leicht anbraten. Danach die Zwiebel, den Weißkohl, den Lauch und den Sellerie dazugeben und mit dem Holzlöffel wenden. Dann die Paprika und den Knoblauch hineingeben und mit 150 ml Wasser köcheln lassen. Das Gemüse sollte noch bissfest sein. Es wird mit Salz und Currypulver gewürzt, mit Sahne und Crème fraîche abgerundet und mit reichlich Petersilie garniert.

Curry-Weißkohl-Apfel-Pfanne

5 EL Rapsöl, 1 Bio-Weißkohl,
3 Äpfel (Kaiser-Wilhelm),
Salz, Curry, weißer Pfeffer,
1 TL eingelegter grüner Pfeffer,
200 g süße Sahne

Der Weißkohl und die Äpfel werden auf der Käsereibe gehobelt und in das in der Pfanne erhitzte Rapsöl gegeben. Alles kräftig anbraten und nach kurzer Garzeit mit der Sahne ablöschen. Dann mit Salz, Pfeffer und Curry würzen und zum Schluss den eingelegten Pfeffer dazugeben.

Dazu passen Reis, Glasnudeln oder Kartoffel-Kürbis-Püree.
Wer mag, kann noch Curry-Schmand-Dip dazu machen:
150 g Schmand mit Currypulver und etwas Salz gut durchrühren.
Den Dip mit in der Pfanne gerösteten Erdnüsse belegen.

Die Sommerferien stehen vor der Tür

Jan kam nach Hause und ließ sich in der Küche auf den Stuhl am Esstisch fallen.

»Nanu, was machst du denn für ein Gesicht?«, fragte seine Schwester Lea. »Nächste Woche fangen die Sommerferien an. Das ist doch wohl ein Grund, sich zu freuen.«

»Ja, einerseits schon, aber andererseits bin ich auch ein bisschen traurig.«

»Verstehen muss ich das jetzt aber nicht?« Lea schaute ihren Bruder wie einen plötzlich erschienenen Geist an. Als er ihr verdutztes Gesicht sah, musste er doch lachen.

»Nach den Sommerferien müssen wir unsere AGs neu wählen«, rückte er dann mit der Sprache heraus.

»Ah, daher weht also der Wind.« Lea verstand. »Du hast keine Lust auf eine dieser langweiligen AGs.«

»Genau, und auch wenn ich mich noch einmal für die Koch-AG melde, wird es nicht einfach sein, da rein zu kommen, weil alle in die Koch-AG wollen. Mir hat das schon echt viel Spaß gemacht und vielleicht werde ich später sogar einmal Koch.«

»Irgendwie hast du Recht, es war schon cool, die ganzen Sachen zusammen mit unseren Eltern auszuprobieren«, stimmte Lea ihrem Bruder zu. »Aber das können wir ja trotzdem weiter machen. Wie man lecker und gesund kocht, wissen wir ja jetzt.«

In diesem Moment betrat die Mutter die Küche. Sie kam mit einem vollen Korb vom Wochenmarkt zurück, aus dem ein verführerischer Duft in die Küche zog.

»Höre ich hier lecker und gesund kochen?«, fragte sie. »Aber da gehört ja auch noch das Umrechnen von Portionen dazu. 1 Tasse Reis ergibt gekocht die dreifache Menge, 100 g Kartoffeln für einen Erwachsenen sind ungefähr drei mittelgroße Kartoffeln. Wenn wir uns an die Regeln halten, können wir viele Lebensmittel vor dem Wegwerfen bewahren.«

»Ich weiß – Lesen, Schreiben und Rechnen gehört dazu.« Das war etwas, wofür sich Jan besonders interessiert hatte. »Es ist auch wichtig, wo unser Essen herkommt, was die Umwelt belastet, welche Wege Mangos und Erdbeeren zurücklegen und warum Tiefkühl-Gemüse auch gesund sein kann.« Jan war in Fahrt gekommen. »Und wenn dieser ganze Kreislauf aus Natur, Ernährung und Umweltschutz gestört wird, hat das nicht nur Folgen für die Bienen, Wildbienen und Hummeln, sondern auch für uns Menschen.«

»Richtig«, stimmte seine Mutter zu. »Ich sehe, du hast in diesem Schuljahr nicht nur etwas über das Kochen gelernt. Aber euer Vater und ich haben noch eine Überraschung für euch. Ihr habt noch gar nicht gefragt, wo wir dieses Jahr in den Urlaub fahren.«

Daran hatten beide Geschwister in den letzten Wochen gar nicht mehr gedacht. Die letzten Klassenarbeiten hatten angestanden und sie hatten für bessere Noten gebüffelt und auch sonst war eine Menge los gewesen.

»Wo fahren wir denn hin?«, fragte Jan jetzt.

»Geduld«, lächelte seine Mutter. »Das Geheimnis wird heute noch gelüftet. Jetzt holt erst einmal den Korb hierhin, damit wir gemeinsam das Abendessen vorbereiten können.«

Beide starteten gleichzeitig, doch Jan war schneller und schnappte sich den Korb als erster – allerdings mit etwas zu viel Schwung. Der Griff entglitt ihm und alles purzelte auf den Boden.

»Super! Das hast du ja toll hingekriegt«, konnte Lea sich die Bemerkung nicht verkneifen. Sie ärgerte sich, dass ihr Bruder so oft schneller war als sie.

Auf dem Küchenboden tummelten sich neue Kartoffeln, Staudensellerie, Petersilie, Thymian, Basilikum und Tomaten.

»Ist ja nichts passiert«, beschwichtigte die Mutter. »Also los, alles aufheben und dann bin ich mal gespannt, was ihr damit zaubern könnt. Und denkt dran, euer Vater hatte kein Mittagessen und wird einen Mordshunger haben.«

Jan hob die Kartoffeln auf und legte sie in die Spüle. Dann schaute er seine Schwester an. »Hast du die gleiche Idee wie ich?«

»Schieß los«, sagte Lea.

»Wir machen die neuen Kartoffeln im Backofen, dann können wir uns das Schälen sparen. Auf die Kartoffeln legen wir Thymian, dazwischen Konblauchzehen und wir können noch Sesam, Sonnenblumen- und Kürbiskerne dazutun.«

»Genauso machen wir es und dazu machen wir noch einen Petersilien-Dip. Den Staudensellerie vernaschen wir mit dem Dip.«

Ausnahmsweise waren die Geschwister mal einer Meinung.

Lea warf noch einen Blick in den Korb. »Guck mal, da sind noch die Tomaten und der Käse, damit machen wir eine leckere Platte mit frischem Basilikum.«

»Dann lass uns loslegen.« Jan holte das Backblech, sie wuschen die Kartoffeln, schnitten sie fächerartig ein, verteilten alles auf dem Backblech und übergossen sie mit Olivenöl. Dann schoben sie das Blech in den vorgewärmten Backofen und machten den Dip.

Als der Vater nach Hause kam, stand alles fertig auf dem Tisch.

»Na, ihr habt euch ja besonders Mühe gegeben heute«, lobte er seine Kinder.

»Wir wollen jetzt aber auch endlich wissen, wo wir dieses Jahr in Urlaub fahren«, platzte es aus Jan heraus.

»Na, dann wollen wir euch mal nicht länger auf die Folter spannen.« Die Eltern setzten ein feierliches Gesicht auf. »Wir haben uns überlegt, dass wir drei Wochen nach Finnland fahren, als Belohnung, weil ihr euch in diesem Schuljahr so sehr bemüht habt.«

Lea und Jan waren für einen Moment sprachlos, doch dann jubelten beide im Chor.

Das würden die tollsten Sommerferien ihres Lebens werden.

Kräuter von A-Z und ihre Wirkungen

Bei allen Heilanwendungen der Kräuter in diesem Buch gilt, dass Unwohlsein und Erkrankungen mit dem Hausarzt abgeklärt werden sollen. Tritt keine Besserung ein oder gibt es unerwartete Nebenwirkungen, auf keinen Fall an sich herumdoktern!

Anis

Standort und Pflege:
Anis bevorzugt einen sonnigen und warmen Standort. Ausgesät werden kann er im April, die Keimzeit beträgt 4–6 Wochen.

Besonderheiten:
Anis wirkt appetitanregend, verdauungsfördernd, blähungstreibend, krampflösend und bei Husten auch schleimlösend. Es gibt Anis in Form von Bonbons und auch als Teemischung für die Verdauung.

Verwendung in der Küche:
Das junge Kraut kann für Gemüse, Salate, Soßen, Quark und zum Beispiel als Kompott verwendet werden. Der Samen kann in Quark getan oder in Brot eingebacken werden.

Australisches Zitronenblatt

Standort und Pflege:
Wie der Name sagt, kommt die Pflanze aus Australien. Sie ist ausdauernd, aber extrem frostempfindlich. Sie gedeiht am besten an einem sonnigen und geschützten Standort mit halbfeuchtem, humusreichen Boden.

Besonderheiten:
Die Blätter der Pflanze sind fleischig und dicht mit feinen Härchen überzogen. Wenn man mit den Fingern über die Blätter streicht, sondert die Pflanze einen intensiven Geruch nach Limone und Zitrone ab.

Verwendung in der Küche:
Die Blätter können frisch in Obstsaft eingelegt werden oder klein geschnitten in Joghurt oder Obstsalat gegessen werden.
Getrocknet können die Blätter als Tee getrunken werden.
Getrocknet in eine Schale gelegt, verbessern sie die Raumluft.

Anis

Australisches Zitronenblatt

Borretsch

Standort und Pflege:
Das »Gurkenkraut« liebt nährstoffreichen Boden, braucht viel Platz und kommt auch ohne Aussaat jedes Jahr wieder. Er fehlt in keinem Bauerngarten und hat saftige Stängel und sehr raue Blätter mit fast borsthaarigem Bewuchs.

Besonderheiten:
Die Blüten sind leuchtend blau und werden gerne von den Wildbienen besucht. Auch Kinder naschen sie gerne.
Borretsch ist blutreinigend, harn- und schweißtreibend und stimmungsanregend. Deswegen sollten Kinder nicht zuviel davon naschen.

Verwendung in der Küche:
Das Kraut, die Blätter und die Blüten können alle frisch verzehrt werden. Borretsch findet in grüner Soße, zu Fisch, Eiern, Kartoffelsalat und Kräuter-Quark-Butter Anwendung.

Borretsch

Dill

Dill

Standort und Pflege:
Dill mag einen warmen Standort und nicht zu nassen Boden.

Besonderheiten:
Dill wirkt appetitanregend, verdauungsfördernd, krampflösend und nervenberuhigend. In Finnland wird die nervenberuhigende Eigenschaft des Dills besonders geschätzt. Seine antiseptische Wirkung kommt beim Einmachen von Gesäuertem zum Tragen.

Verwendung in der Küche:
Das Kraut kann frisch und getrocknet verwendet oder auch eingefroren werden. Dill wird für Salate, Soßen, Suppen, Gemüse, Fisch, Fleisch und auch als Gurkengewürz verwendet. Die Samen des Dills können wie Kümmel genutzt werden. Auch in Kräuteressig, Quark und Butter wird Dill verwendet.

Da Dill sehr intensiv schmeckt und seinen Eigengeschmack hervorhebt, ist die Mischung mit Petersilie und anderen Kräutern zu empfehlen.

Estragon

Standort und Pflege:
Die Pflanze ist anspruchslos und liebt einen warmen Standort, an dem sie viele Jahre stehen bleiben kann.

Besonderheiten:
Estragon lindert Blähungen und Bauchschmerzen bei Kindern, ist aber auch auswurffördernd und schleimlösend bei Husten.
Getrocknet kann er auch in Duftkräutersäckchen verwendet werden.

Verwendung in der Küche:
Die frischen Triebspitzen und Blätter können getrocknet und auch gefroren verwendet werden, er behält dabei seine Aromen. In Suppen, Soßen, Salaten, Kräuterquark und Kräuterbutter kann er als Gewürz genutzt werden.
Estragon kann in guten Weinbranntessig eingelegt und dann auf der Fensterbank 14 Tage (nicht unter direkter Sonneneinstrahlung) stehen gelassen werden. Danach abseihen und in eine Glasflasche füllen. Man hat dann für den Winter einen aromatischen Kräuteressig zum Würzen von zum Beispiel Kartoffelsalat.

Estragon

Fruchtsalbei

Fruchtsalbei

Standort und Pflege:
Die Pflanze kommt ursprünglich aus Mittelamerika/Honduras und kann hier bei bis zu 0 °C auch draußen überwintern. Im Frühling sollte die Pflanze etwas ausgedünnt werden.
Durch das Anziehen von Ablegern lässt sie sich gut vermehren.

Besonderheiten:
Ihr Duft erinnert an Guaven. Berührt man die leicht behaarten Blätter, entströmt ihnen ein Duft nach Apfel, Kiwi, Pfirsich, Papaya und etwas Salbei.

Verwendung in der Küche:
Die Blätter frisch in Apfelsaft einlegen und einige Stunden ziehen lassen. Danach zu Gelee verarbeiten.
Kleingeschnitten kann man die Blätter auch in den Obstsalat geben, getrocknet können sie als Tee aufgekocht werden.
Zum Süßen von Obstsalat und Zuckerguss für Trockenkuchen 10 große Blätter des Fruchtsalbeis gut trocknen lassen und mit 150 g Zucker im Mixer zu Staubzucker zerkleinern.

Gartenkresse/Kapuzinerkresse/Brunnenkresse

Standort und Pflege:
Die Pflanze kann im Winter auf der Fensterbank und im Sommer im Garten angezogen werden. Beim Keimen im Zimmer verströmt sie einen angenehmen Duft. Im Garten ist sie sehr bescheiden, was die Bodenqualität angeht und wächst sehr schnell.

Besonderheiten:
Die Gartenkresse gibt es in verschiedenen Geschmacksrichtungen, sie kann mild oder senfig sein. Pfefferkraut hat rettichartigen Geschmack und wächst vom Frühling bis zum Herbst.
Kresse wirkt appetitanregend und verdauungsfördernd und kann sparsam als natürliches Antibiotikum verwendet werden. Kinder sollten von den Blüten nicht zuviel naschen.
Die Blüten der Kapuzinerkresse sind eine Futterpflanze für Hummeln und Wildbienen.
Nimmt man Blättchen der Kresse in den Mund, prickelt es auf der Zunge.
Parakresse dem Salat untergemischt gibt dem Ganzen eine ganz besondere Note – ungeahnte Geschmacksmomente.

Verwendung in der Küche:
Die Blüten von Gartenkresse, Brunnenkresse und Kapuzinerkresse schmecken und sind zum Garnieren geeignet.
Sie passt zu Butterbroten, Kräuteraufstrichen, Salaten (Tomate, Gurke), Eiern, kaltem Braten und Fisch. Wichtig ist: Sie sollte immer frisch und kurz vor dem Servieren über das Essen gestreut oder untergehoben werden.

Kreuzkümmel

Standort und Pflege:
Kreuzkümmel ist ein zweijähriges Doldengewächs, das bis zu einem Meter hoch wird und Platz und Sonne braucht. Er ist mit dem Koriander verwandt, ein Lichtkeimer und braucht nur mäßig Feuchtigkeit. Den Samen nur dünn mit Erde bedeckt an einen sonnigen Platz stellen.

Besonderheiten:
Kreuzkümmel ist hilfreich gegen Blähungen.

Verwendung in der Küche:
Kreuzkümmel ist ein unentbehrliches Brotgewürz. Außerdem gibt er Kartoffel- und Gemüsesuppe, Bratkartoffeln, Linsen und Kohlgemüse einen ganz besonderen Geschmack. Er dient ebenfalls zum Verfeinern von Schweinebraten, Gulasch, Speck und Käsegebäck, aber auch in Rhabarber-Marmelade.

Kapuzinerkresse

Kreuzkümmel

Liebstöckel

Standort und Pflege:
Liebstöckel ist eine mehrjährige Pflanze, die Platz zum Wachsen braucht. Sie wird auch »Maggikraut« genannt.

Besonderheiten:
Der Pflanze entströmt ein würziger Duft, der auch aus einiger Entfernung noch zu riechen ist.
Liebstöckel wirkt verdauungsfördernd, blähungs- und harntreibend, sollte aber nicht bei Nierenerkrankungen und in der Schwangerschaft verwendet werden. Außerdem wirkt er beruhigend.
Seine Stängel eignen sich zum Bau von Insektenhotels. Man kann sie austrocknen lassen und mit einbauen.
Bevor es die Möglichkeit gab, ihn einzufrieren, wurde er in Einweggläsern schichtweise mit Salz konserviert und im Keller kühl und dunkel abgestellt.

Verwendung in der Küche:
Frisch oder gefroren wird Liebstöckel in Suppen verwendet und verleiht ihnen den »Maggi«-Geschmack.
Als Zugabe zu Salaten, Gemüsen, Fleischgerichten und Bratlingen sollte er nur sparsam verwendet werden, da er mit seinem intensiven Geschmack den anderer Kräuter überdeckt.
Einige Blättchen sorgen im Rhabarberkompott für eine schöne Würze.

Lindenblüten

Standort und Pflege:
Lindenblüten können sowohl von der Sommerlinde als auch von der Winterlinde geerntet werden. Sie duften intensiv und etwas süßlich.

Heilanwendung:
Lindenblüten eignen sich als Teeaufguss zur Schwitzkur, bei Erkältungskrankheiten, Fieber und Reizhusten.
Dazu 2 TL Blüten auf eine Tasse, mit kochendem Wasser übergießen und ziehen lassen. 2–5 Tassen über den Tag verteilt trinken. Nicht über einen längeren Zeitraum anwenden.
Der Aufguss kann auch als Hals- oder Körperwickel angewendet werden.

Liebstöckel

Lindenblüten

Lorbeer

Standort und Pflege:
Lorbeer liebt die Wärme und wird am besten einzeln in Kübeln angebaut. Er ist ganzjährig grün, braucht im Winter aber einen Platz zum Überwintern im Wintergarten oder Wohnzimmer.

Besonderheiten:
An den Bauernhäusern stand der Strauch zum Schutz der Bewohner an der Haustür, damit nur Gutes hereinkam. Sportler in Griechenland erhielten den Lorbeerkranz als Zeichen für ihren Ruhm.

Verwendung in der Küche:
Lorbeerblätter entfalten ihr Aroma, wenn sie mitgegart werden. Er gibt Fleischsuppe und Sauerkraut ein angenehmes Aroma und eignet sich zum Beizen von beispielsweise Wild.
Lorbeer kann das ganze Jahr frisch geerntet werden.

Lorbeer

Löffelkraut

Lungenkraut

Löffelkraut

Standort und Pflege:
Löffelkraut braucht ausreichend feuchten Boden, ist jedoch ansonsten recht einfach zu ziehen und pflegen. Es war früher ein sehr wichtiges Gewürzkraut und ist inzwischen wieder öfter in den Nutzgärten zu finden.

Besonderheiten:
Löffelkraut wirkt stoffwechselanregend und verdauungsfördernd und ist für eine Frühjahrskur zu empfehlen.

Verwendung in der Küche:
Die Blätter vom Löffelkraut werden in Salaten, Kräuter-Dipps und Kartoffelsalat frisch verwendet. Sein Geschmack ist scharf und erinnert an den Geschmack von scharfem LöwenSenf. Gemildert werden kann diese Schärfe durch Schnittlauch.

Lungenkraut

Herkunft und Pflege:
Lungenkraut blüht sehr früh im Jahr zusammen mit den Schneeglöckchen. Es wächst in Mischwäldern und Gebüschen; die Ameisen sorgen für seine Verbreitung.
Es wird gerne von den Hummeln und Wildbienen aufgesucht. Die Unterseite des Blattes ist sehr rau und weiß gefleckt. Die Flecken sehen ein wenig aus wie die Lungenbläschen (Alveolen).

Heilanwendung:
2 TL Lungenkraut in 1 Tasse Wasser abkochen. Bei Lungenentzündungen 2–3 Tassen täglich trinken. Hilft gegen Heiserkeit, Husten und Asthma. Das Lungenkraut enthält lösliche/unlösliche Kieselsäure, Calcium, Saponine und Gerbstoffe.

Majoran

Standort und Pflege:
Die Pflanze gehört zu den Lippenblütern, steht gerne sonnig und benötigt einen humusreichen, aber nicht zu feuchten Boden.

Besonderheiten:
Die Gerbstoffe des Majoran sind hilfreich bei der Verdauung von fettigen Speisen. Majoran wirkt appetitanregend und lindert Verdauungsbeschwerden mit Blähungen und Krämpfen. Er ist beruhigend, kann bei Schnupfen als Dampfbad gemeinsam mit Rosmarin, Salbei, Thymian, Melisse und Fenchel und bei Muskelverspannungen als Badezusatz eingesetzt werden. Als Tee getrunken hat er eine schleimlösende Wirkung.
Ihm wird eine gewisse hilfreiche Kraft bei Demenz und Alzheimer nachgesagt, da intensive Düfte Erinnerungen wachrufen.

Verwendung in der Küche:
Frische Triebe des Majoran passen zum Blattsalat, Bohnen- und Kartoffelsalat oder Braten. Er passt frisch oder getrocknet zu allen fetten Speisen und kommt noch immer in die Hausmacherwurst, sowie Gänse- und Entenfüllungen.

Majoran

Zitronenmelisse

Melisse

Standort und Pflege:
Die Pflanze ist hier auch als Zitronenmelisse bekannt. Sie benötigt einen warmen, sandigen Platz, dann wächst sie beachtlich.

Besonderheiten:
Die Melisse wird auch »Bienenkraut« oder »Honigblatt« genannt, weil sie eine Futterpflanze für die Bienen ist. Sie hat ihren Namen von Melissa, der römischen Schutzpatronin der Imkerei, erhalten. Wichtig ist bei der Konservierung, diese vor der Blüte durchzuführen. Getrocknet wird die Pflanze in Büscheln an einem warmen, luftigen und schattigen Ort. Auch beim Einfrieren bleibt das Aroma erhalten. Im Melissengeist sind ihre Inhaltsstoffe enthalten. Dieser wurde früher in Burgen und Klöstern hergestellt. Die Melisse wurde wegen ihres frischen Zitronendufts mit anderen Duftkräutern zusammen im Rocksaum der Damen getragen. Das Parfum der Melisse war für viele Leute unerschwinglich.
Melissentee und Melissengeist wirken beruhigend, schlaffördernd und krampflösend bei nervösen Kopfschmerzen, Magen- und Darmbeschwerden.

Verwendung in der Küche:
Melisse kann in Gurken-, Kartoffel- und Eiersalat, aber auch in Kräuterquark, Kräuterbutter und Remouladensauce verwendet werden. Mit ihr kann selbst angesetzter Kräuteressig hergestellt werden.
Sie kann auch in Eis, Obstsalat, Vanillesoße und Buttermilch- oder Joghurtmixgetränken verwendet werden.
Sehr erfrischend schmeckt im Sommer Apfel- oder Orangensaft mit einigen Melisseblättchen.

Minze

Standort und Pflege:
Die Minze gehört zu den Lippenblütlern und liebt es warm. Nach zwei Jahren benötigt sie einen neuen Standort. Edelminzen lassen sich nur durch Teilung oder Stecklinge vermehren. Die Stecklinge dann in einen Eimer mit nährstoffreicher Erde einpflanzen.
Es gibt die Minze in vielen verschiedenen Duft- und Blattrichtungen. Zu ihnen gehören Schokominze, englische Minze, Krauseminze, türkische Minze, Orangen-Erdbeerminze und die Habek-Minze. Insgesamt gibt es über 20 bekannte Minze-Arten.

Besonderheiten:
Manche Minzesorten vertreiben Flöhe und Ratten, gleichzeitig ist die Minze eine Futterpflanze für Insekten und Schmetterlinge.
Die verschiedenen Minzesorten können viel oder wenig Menthol enthalten und verfügen über unterschiedliche Aromen. Schokominze hat ein sehr starkes Aroma und viel Menthol, Englische Minze und Krauseminze haben einen sehr intensiven Geschmack im Tee. Türkische Minze kann frisch gelutscht werden und schmeckt auch im Zaziki. Ebenfalls für Tee geeignet sind Orangen-Erdbeerminze, Habek-Minze (zu erkennen an dem lang gezogenen Blatt) und Spearmint mit dem unverwechselbaren Doublemint-Geschmack.
Pfefferminze gab es früher immer in den Bauerngärten. Sie wurde für Tee getrocknet, in Alkohol eingelegt und als getrockneter Strauß wegen des Duftes in der Wohnung aufgehängt.
Minze lässt Schnittblumen länger im Wasser halten und verfügt über eine antibakterielle Wirkung.

Verwendung in der Küche:
Minze kann getrocknet und mit Haushaltszucker im Mixer zerkleinert werden und dann zum Verfeinern von Tee und Süßspeisen genutzt werden.
Weiterhin kann sie zu Obstsalaten, Obsttorten, Eis, Milchmixgetränken, zum Apfel-Holunder-Gelee und auch in Apfel- und Oran-

gensaft gegeben werden. Auch in Marinaden und Soßen wird sie zum Verfeinern benutzt.
Sie kann getrocknet und auch frisch als Tee aufgebrüht werden. Auch in Longdrinks (z.B. Caipirinha) ist die Minze eine nicht wegzudenkende Zutat.

Minze, türkische

Standort und Pflege:
Türkische Minze benötigt einen hellen und warmen Standort und sollte alle zwei Jahre umgesetzt werden, weil sie den Boden auslaugt.

Besonderheiten:
Es gibt kaum eine bessere Würzminze als diese.

Verwendung in der Küche:
Bei Durst können die Blätter in den Mund genommen und gelutscht werden.
Sie kann getrocknet und frisch als Tee aufgebrüht werden und verfeinert im frischen Zustand Kaltgetränke wie Apfel- und Orangensaft.

Minze

Oregano

Standort und Pflege:
Oregano ist ein Lippenblütler, der an einem sonnigen Standort mit wenig Feuchtigkeit auskommt.

Besonderheiten:
Oregano ist würzig und hat ein leicht pfefferartiges Aroma. Er ist magenstärkend, appetitanregend, verdauungsfördernd und wirkt bei Husten krampflösend.
Seine Blüten ziehen Schmetterlinge und Wildbienen an. Besonders zu Zeiten, zu denen in der Natur nicht viel zu finden ist, bieten sie Nahrung für die Schmetterlinge.
Oregano kann auch sehr gut getrocknet und als Gewürz verwendet werden.

Verwendung in der Küche:
Oregano eignet sich als Gewürz für Pizza, Tomatensalat, Tomatensuppe, Gemüse, Fleisch und Käse.

Petersilie

Standort und Pflege:
Petersilie benötigt einen nährstoffreichen Boden in ausreichend feuchter und halbschattiger Lage. Überwintern kann sie in einem Topf auf der Fensterbank.

Besonderheiten:
Petersilie wirkt appetitanregend, verdauungsfördernd, harntreibend und blutreinigend. Sie ist ein großer Vitamin C-Träger, in der Schwangerschaft sollte nicht zu viel davon konsumiert werden.
Petersilie lässt sich gut einfrieren.

Verwendung in der Küche:
Petersilie ist ein Universal-Gewürzkraut, das zum Würzen und Garnieren von Suppen, Soßen, Salaten, Pilzgerichten, Aufläufen, Fleisch, Fisch, Eierspeisen und Nudelgerichten geeignet ist.

Portulak/Winterportulak

Standort und Pflege:
Portulak braucht einen warmen Standort mit gut durchlässigem Boden. Es können mehrere Folgesaaten gezogen werden. Über den Winter kann Portulak in Töpfchen auf der Fensterbank gehalten werden.

Besonderheiten:
Portulak wirkt blutreinigend, verdauungsfördernd und harntreibend.

Verwendung in der Küche:
Die jungen Triebe vom Portulak können für Salate, Rohkost und Kräuterquark verwendet werden.

Oregano

Petersilie

Portulak

Rosmarin

Standort und Pflege:
Rosmarin gehört zur Familie der Lippenblütler. Er wächst bevorzugt an sonnigen, trockenen und kalkreichen Standorten.

Besonderheiten:
Rosmarin kann frisch als Tee getrunken werden oder kleine Zweige können in einen guten Wein eingelegt werden. Die Aromen werden gut vom Wein aufgenommen und an den Körper weitergegeben. Zum Einschlafen vor dem Schlafengehen 50 ml heißes Wasser mit 3 cl von dem Wein-Rosmarin-Auszug mischen und trinken.
Rosmarin wirkt appetitanregend und hilft bei Verdauungsbeschwerden. Außerdem ist er beliebt als Badezusatz bei Rheuma.
Vorsicht: Nicht in der Schwangerschaft einnehmen!

Verwendung in der Küche:
Rosmarin wird gerne als Grillgewürz verwendet und harmoniert mit Fleisch, Geflügel, Lammfleisch, Zucchini, Kartoffeln, aber auch Brot. Auch für Süßspeisen kann Rosmarin verwendet werden und man kann Apfelgelee damit aromatisieren.

Rosmarin

Rucola-Senfrauke

Safran

Rucola-Senfrauke

Standort und Pflege:
Rucola gehört zur Familie der Kreuzblütler. Er wächst an sonnigen Standorten sehr schnell.

Besonderheiten:
Rucola ist ein stimulierendes Mittel bei Frühjahrskuren zur Blutreinigung und hat einen hohen Vitamin C-Gehalt.
Wenn die Pflanze blüht, kann man Bienen und Schmetterlinge an ihr beobachten.
Mit den Samen im Herbst kann im Frühjahr die nächste Generation gezogen werden.

Verwendung in der Küche:
Die frischen Blätter können auf Pizza, in den Quark oder in Salaten verarbeitet werden.

Safran

Standort und Pflege:
Der Safran ist eine Krokus-Art, die im Herbst violett blüht. Aus den Narben der Blüten wird der Safran gewonnen. Die Ernte ist sehr aufwändig, aus diesem Grund gehört Safran zu den teuersten Gewürzen der Welt.

Besonderheiten:
Die Ringelblume war der Safran des armen Mannes; sie wurde zum Färben der Hefekuchen und der Gerichte benutzt.

Verwendung in der Küche:
Safran wird zum Backen, Kochen und Färben benutzt. Die Blüten können gegessen werden, in Essig und Öl eingelegt oder auch getrocknet für Tee verwendet werden.

Schokominze

Standort und Pflege:
Die Schokominze liebt feuchte und humusreiche Böden, in sonnigen Lagen erhöht sich ihr Gehalt an ätherischen Ölen.

Besonderheiten:
Schokominze unterstützt die Gallen- und Leberfunktion und hilft gegen Magen-Darm-Erkrankungen, Blähungen und Krämpfe. Als Minzöl kann sie zum Einreiben gegen Gliederschmerzen verwendet werden.
Das Öl vertreibt auch Mäuse und Ratten im Garten.

Verwendung in der Küche:
Kraut und Blätter können frisch und getrocknet verwendet werden und in kleinen Mengen zu Suppen, Rohkost, Quark, Gelees und erfrischenden Drinks dazugegeben werden. Mit Schokominze kann auch Kräuteressig hergestellt werden und sie kann wie alle anderen Minzen auch als Tee getrunken werden. Zur Herstellung von Minzeis eignet sie sich nicht, dafür ist die türkische Minze besser geeignet.

Schokominze

Zitronenverbene

Verbene/Zitronenverbene

Standort und Pflege:

Verbenen gehören zu den Eisenkräutern und sind blütenreich, pflegeleicht und anspruchslos. Es gibt sie als Teppich-Verbene, blaue Verbene und sehr häufig auch als Zitronenverbene.

Die Zitronenverbene mag es nicht kalt und geht in einen Winterschlaf. An einem kühlen Ort, der auch dunkel sein kann, überwintert die Pflanze bei 4–10 °C über Null. Ab Ende Januar will die Pflanze wieder frühzeitig ans Tageslicht und braucht auch dann wieder Wasser.

Besonderheiten:

Als Tee getrunken hat die Zitronenverbene ein köstliches Zitronenaroma und eine leicht belebende Wirkung.

Getrocknet behält die Zitronenverbene ihr Zitronenaroma und ist eine große Bereicherung in kleinen Duftsäckchen.

Wildkräuter-ABC

Baldrian

Standort und Pflege:
Baldrian wächst häufig an Wegrändern oder an Waldrändern. Das Kraut wird landläufig auch oft als Katzenkraut oder Katzenwurz bezeichnet.

Heilanwendung:
Baldrian ist ein Nervenberuhigungsmittel und hilft gegen Schlafstörungen, zur Entspannung, bei Herz- und Magenstörungen, die auf Nervosität zurückgehen.
Der Tee kann als Kaltauszug getrunken werden. Dazu morgens 1-2 TL Baldrian mit 1 Tasse kaltem Wasser ansetzen, am Abend durchsieben und zum Trinken leicht erwärmen. Der Tee darf nicht zu heiß werden, da sich sonst die Inhaltsstoffe verflüchtigen.

Baldrian

Beinwell

Eberraute

Beinwell

Standort und Pflege:
Das Kraut ist anspruchslos und schnell wachsend und kann im Garten schnell lästig werden. Sein lateinischer Name Symphytum bedeutet soviel wie zusammenwachsen oder verbinden. Er wird auch Beinheil, Schwarzwurz, Kuchenkraut und Wallwurz genannt.

Heilanwendung:
Beinwell hilft bei schlecht heilenden Knochenbrüchen, Blutergüssen und Sehnen- oder Bänderverletzungen. Die verschiedenen Anwendungen sind im Kapitel »Omas kleine Hausapotheke« ausführlich beschrieben.

Eberraute

Standort und Pflege:
Die Eberraute ist ein halbhoher Strauch und sehr anspruchslos. Sie ist trockenheitsresistent und daher auch gerne in Steingärten gesehen.

Besonderheiten:
Ihr Duft erinnert an das Aroma des Cola-Getränks. Sie wirkt magenstärkend und verdauungsfördernd.
In Duftsäckchen und für Kräutersträuße kann sie ebenfalls verwendet werden.

Verwendung in der Küche:
Die frischen Triebspitzen können in kleinen Mengen zu Salaten, Soßen und zu Braten gegeben werden.
Aus Eberraute kann ein Sirup zum Aromatisieren von Getränken hergestellt werden. 1 l Wasser und 1 kg Haushaltszucker zum Kochen bringen, bis der Zucker vollständig gelöst ist. 2–3 frische Zweige in die kochende Lösung geben und von der Kochplatte nehmen. 30 Minuten ziehen lassen, dann noch einmal erhitzen, durchsieben und in kleine, gut verschließbare Flaschen füllen. Kühl und dunkel lagern. Eignet sich zum Verfeinern von Orangen- und Apfelsaft.

Frauenmantel

Standort und Pflege:
Frauenmantel wächst wild an halbschattigen Plätzen. Er gehört wie Rotklee und Schafgarbe zu den Frauenkräutern.

Heilanwendung:
Frauenmantel wirkt haut- und gewebestraffend bei äußerlicher Anwendung und hilft gegen Durchfall und Menstruationsbeschwerden. Auch blutstillende Eigenschaften werden ihm nachgesagt. Er enthält Gerb- und Bitterstoffe, sowie ätherische Öle. Er sollte von Frauen von der Pubertät bis nach den Wechseljahren wöchentlich getrunken werden.
Frauenmantel kann als Teeaufguss getrunken werden. Dazu 1–2 TL des getrockneten, blühenden Krauts mit kochendem Wasser übergießen, 4–7 Minuten ziehen lassen und morgens und abends eine Tasse trinken.

Frauenmantel

Johanniskraut

Johanniskraut

Standort und Pflege:
Johanniskraut wächst auf Wiesen und an Wegrändern und ist sehr anspruchslos. Die Pflanze erblüht, wenn die Sonne hoch am Himmel steht. Dann kann man sich die ganze Kraft der Pflanze zunutze machen. Johanniskraut ist die Heilpflanze des Jahres 2019.

Heilanwendung:
Johanniskraut kann nach dem Pflücken getrocknet und für einen Beruhigungs- und Entspannungstee verwendet werden. Vorsicht: Sie entwickelt im Körper eine Lichtempfindlichkeit.
Zerdrückt man die Blüten, kommt ein roter Saft zum Vorschein. Legt man die Blüten in Sonnenblumen- oder Olivenöl ein, wird es rötlich. Zur Entspannung nach dem Duschen oder Baden die Haut damit einreiben.
Die Tinktur wird auch »Arnika der Nerven« genannt und ist hilfreich bei nervösen Beschwerden und als Mittel gegen Durchfall.
Auch bei der Entwicklung der weiblichen Organe und Unregelmäßigkeiten bei der monatlichen Periode ist Johanniskraut hilfreich.

Kamille, echte

Standort und Pflege:
Kamille wächst überall wild in den Wiesen und ist an seinen gelben Blütenköpfen und weißen Blütenblättern zu erkennen. Die Kamille war die Heilpflanze des Jahres 2002.

Heilanwendung:
Kamille ist ein Allheilmittel, sie wirkt schweißtreibend, beruhigend, krampfstillend, desinfizierend und entzündungshemmend. Kinder sollten bei Krämpfen und Bauchschmerzen Kamillentee trinken.
Sie eignet sich zum Gurgeln, für Waschungen/Umschläge und als Kopfdampfbad zur Erholung bei Stress. Verwendet werden kann sie für Kräuterkissen, Öl, Salbe und als Badezusatz.
Für ein Entspannungsbad 2 Handvoll Blüten ins Badewasser geben.
Für ein Gesichts-/Kopfdampfbad reicht 1 Handvoll Blüten.
Zur Herstellung von Kamillenöl 1 Handvoll frische Blüten in eine Glasflasche bis fast zum Rand füllen, mit Olivenöl auffüllen und gut verschließen. 14 Tage in der Sonne stehen lassen und danach absieben. Das Öl kalt aufbewahren – am besten im Kühlschrank – und gegen Gelenkschmerzen anwenden.

Kamille

Kerbel

Pimpernelle

Kerbel

Standort und Pflege:
Kerbel ist ein schnell wachsendes Gewürzkraut, das auf feuchtem Boden stehen sollte. Wenn er zu trocken steht, fängt er zu früh an zu blühen.

Besonderheiten:
Kerbel wirkt appetitanregend, blutreinigend und stoffwechselfördernd.

Verwendung in der Küche:
Kerbel wird in Kräutersuppen, »Grüner Soße«, Salaten, Tomaten, Rohkost und Kräuterbutter oder -quark verwendet. Er kann auch zum Garnieren benutzt werden.
Vorsicht: Nicht mitkochen!

Pimpernelle

Standort und Pflege:
Pimpernelle gehört zu den Rosengewächsen und wächst fast überall. Die Pflanze ist sehr bescheiden und anspruchslos.

Besonderheiten:
Pimpernelle wirkt appetitanregend.

Verwendung in der Küche:
Pimpernelle wird in Salaten, Soßen, »Grüner Soße«, Kräutersuppen und Gemüse verwendet. Auch Fisch wird damit gewürzt.
Vorsicht: Nicht mitkochen, immer frisch verwenden!

Ringelblume

Standort und Pflege:
Die Ringelblume ist ein Korbblütler. Sie ist sehr anspruchslos und vermehrt sich von selbst.

Besonderheiten:
Tee aus Ringelblumen kann zum Gurgeln bei Halsschmerzen genutzt werden und hilft bei Gallenbeschwerden.
In Salben verarbeitet hilft sie gegen Sonnenbrand und zur Wundheilung.
Früher wurden die Blüten zum Färben von Hefekuchen benutzt. Deshalb wurde die Ringelblume der Safran des armen Mannes genannt.

Verwendung in der Küche:
Eine Glasflasche mit 1 Liter Fassungsvermögen bis zur Hälfte mit Blüten füllen, dann mit gutem Weinbrandessig auffüllen, schütteln und 14 Tage auf der Fensterbank im Halbschatten stehen lassen. Danach abseihen und kühl stellen. Der Ringelblumenessig passt hervorragend zu Endivien und Feldsalat.

Ringelblume

Salbei

Schildsauerampfer

Salbei

Standort und Pflege:
Salbei steht gerne an einem sonnigen Standort, in sehr kalten Wintern benötigt er einen Kälteschutz.

Besonderheiten:
Salbei hilft bei Mund- und Rachenentzündungen, wenn man mit dem Tee gurgelt. Außerdem hilft Salbei bei mäßigem Schwitzen und Magen-Darm-Beschwerden.
Vorsicht: Nicht über längere Zeit in hohen Dosen einnehmen!

Verwendung in der Küche:
Salbei kann zu Fleisch, Wild, Geflügel, Fisch, Gemüse, Suppen und Eintöpfen verwendet werden.
In Bier- oder Ausbackteig frische Blättchen ausbacken und mit Zimt und Zucker bestreuen. Sie schmecken lecker und sehen wie kleine Mäuschen aus. Nur nicht zu viele davon essen.

Sauerampfer

Standort und Pflege:
Sauerampfer ist ein Knöterichgewächs, das auch im Halbschatten auf feuchten und humosen Böden wächst.

Besonderheiten:
Sauerampfer wirkt blutreinigend und appetitanregend, sollte bei Kindern allerdings sparsam verwendet werden.

Verwendung in der Küche:
Sauerampfer kann in Salaten, Suppen, Gemüse, »Grüner Soße«, Fisch, Quark und für Kräuterbutter verwendet werden. Außerdem gesund in der Frühjahrskur mit Frühlingskräutern und im Smoothie.

Schafgarbe

Standort und Pflege:
Die Schafgarbe wächst an Wegrändern und auf Wiesen.

Besonderheiten:
Schafgarbe gehört auch zu den Frauenkräutern, er blüht in weiß und rosé. Zusammen mit Rotklee und Frauenmantel wird Schafgarbe als Teemischung für Frauen sehr empfohlen.
Das Kraut regt die Nierentätigkeit an, hilft gegen Appetitlosigkeit und beseitigt Blähungen und Magenkrämpfe. Auch unangenehmer Juckreiz in der Scheide kann durch Waschungen und Sitzbäder beseitigt werden.
Schafgarbe enthält entzündungshemmende und krampflösende Stoffe, die das natürliche Pendant zur bekannten Acetylsalicylsäure (auch bekannt als ASS, der Wirkstoff im Aspirin) sind. Dadurch hilft sie auch bei Nervenentzündungen und Kopfschmerzen.
Bei empfindlicher Haut sollte auf äußerliche Anwendung verzichtet werden, da es zu allergischen Reaktionen kommen kann.
Schafgarbe sollte nicht bei kühlem und nassem Wetter geerntet werden, sondern zur Mittagszeit bei Sonnenschein.

Verwendung in der Küche:
Die Blüten der Pflanze über Nacht in Bio-Apfelsaft einlegen, ziehen lassen und am nächsten Morgen absieben. Den Saft dann mit Gelierzucker zu einem leckeren Apfelgelee verarbeiten.
Auch für Salatsoßen können die Blüten der Schafgarbe verwendet werden.

Schlüsselblume

Standort und Pflege:
Die Schlüsselblume wächst im Frühjahr und Sommer überall auf den Wiesen. Sie ist wenig als Beruhigungs- und Schlafmittel und als Stärkungsmittel für das Herz bekannt.

Heilanwendung:
Im Frühling die Blüten sammeln und trocknen. Nach dem Trocknen können sie in einem gut verschließbaren Einweckglas aufgehoben werden. Plastiktüten oder -dosen sind nicht geeignet.
Zur Herstellung von Herzwein 1 Hand voll frischer Schlüsselblumenblüten (am besten ganze Dolden) nehmen und in eine 2 Liter-Flasche füllen, bis diese fast bis zum Rand locker gefüllt ist. Dann Bio-Weißwein darüber gießen, bis die Blüten vollständig bedeckt sind. Dann die Flasche mit einem Korken nicht zu fest verschließen, 14 Tage in der Sonne stehen lassen und ab und zu schütteln, damit die Luft entweichen kann. Danach alles abseihen und bei Bedarf einen Schluck nehmen.

Schafgarbe

Schlüsselblume

Schnittlauch

Standort und Pflege:
Schnittlauch benötigt kalkreichen Humusboden und viel Feuchtigkeit.

Besonderheiten:
Schnittlauch enthält viel Vitamin C und Senföle.

Verwendung in der Küche:
Schnittlauch ist vielseitig zu verwenden. Er passt zu Tomaten, Gurken, Salaten, Kräuterquark, Kräuterbutter und Eierspeisen.

Spitzwegerich

Standort und Pflege:
Spitzwegerich wird der »König der Wiese« genannt. Rund um den Blütenstand bildet sich ein feiner Kranz.
Spitzwegerich kann komplett verwendet werden – mit Wurzel, Blättern, Blüte und Samen.

Besonderheiten:
Spitzwegerich kann gegen alle Erkrankungen der Atemwege angewendet werden. (Rezepte und Erklärungen im Kapitel »Omas kleine Hausapotheke)
Ob in Kräuterquark, Kräuterbutter oder zur Frühlingskur mit Buttermilch hilft Spitzwegerich gegen die Frühjahrsmüdigkeit und macht den Körper wieder fit.

Verwendung in der Küche:
Die kleinen, noch grünen Köpfchen des Spitzwegerich können in Olivenöl angebraten werden und schmecken auf Salat, aber auch auf Nudeln. Im Salat können die jungen Blätter des Spitzwegerich klein geschnitten untergehoben werden.
Die kleinen grünen Köpfchen können auch gut eingefroren und im Winter für verschiedene Gerichte verwendet werden.

Thymian

Standort und Pflege:
Thymian gehört zur Familie der Lippenblütler und steht bevorzugt an einem warmen Standort.

Besonderheiten:
Thymian hilft gegen Husten und Keuchhusten, bei Magen- und Darmbeschwerden und mit dem Tee kann gegen Halsentzündungen gegurgelt werden.

Verwendung in der Küche:
Thymian wird zum Würzen von Fleisch, Wurst, Gemüse, Kartoffeln und Soßen verwendet. Ebenfalls nicht fehlen darf er auf der Pizza. Zu Pilzen, Hülsenfrüchten und Eintöpfen schmeckt er auch.

Schnittlauch

Spitzwegerich

Thymian

Waldmeister

Standort und Pflege:

Waldmeister ist ein sogenanntes Rötegewächs und steht bevorzugt in lockeren, feuchten Böden an schattigen Standorten.

Besonderheiten:

Waldmeister wirkt krampflösend und hilft gegen Nervosität. Zudem hat er eine wundheilende Wirkung.

Vorsicht: Waldmeister nur sehr eingeschränkt und in geringen Mengen verwenden!

Verwendung in der Küche:

Das Kraut sollte bei Verwendung noch nicht geblüht haben. Die Blätter können frisch oder angewelkt in Fruchtsaft und Apfelgelee eingelegt werden.

Legt man sie in Sahne ein, kann daraus leckeres Eis zubereitet werden.

Waldmeister

Ysop

Ysop

Standort und Pflege:
Ysop gehört zu den Lippenblütlern, steht gerne in lockerem Boden an einem sonnigen Platz.

Besonderheiten:
Der Tee vom Ysop wirkt verdauungsfördernd und schweißmindernd; er kann auch zum Gurgeln genutzt werden. Das Kraut hilft gegen Husten, Magen- und Darmerkrankungen.

Verwendung in der Küche:
Ysop kann zum Würzen von Suppen, Soßen, Kartoffeln, Sellerie, Tomaten, Braten und Hülsenfrüchten verwendet werden. Außerdem passt das Kraut gut in Kräuterquark und Kräuterbutter.

Rätsel- und Wissensecke

Ich bin's – die Melisse!

In meine Vorstellung hat sich ein kleiner Fehler eingeschlichen. Kannst du ihn finden?

Wörtlich übersetzt bedeutet mein Name »Biene« und der M-Name ist ein Hinweis darauf, dass ich viel Nektar produziere und gerne von Bienen besucht werde.
Aber man kann mich nicht nur verzehren, sondern der Tee aus meinen Blättern hilft, auf die Haut aufgetragen, auch bei Hautunreinheiten.
Ich habe viele Namen, die auf meine großen Heilkräfte hindeuten – Herzkraut, Mutterkraut, Frauenwohl, Nervenkräutli, Warzenkraut und Zahnwehkraut.

(Warzenkraut ist falsch. Warzenkraut ist das Schöllkraut)

Es wird minzig – alles rund um die Minze

Die Minze ist ein ganz besonderes Kraut. Hier einige Fakten zum Staunen über diese tolle Pflanze.

Kann Minze wirklich baumhoch werden?
Die meisten Minzen wachsen als Sträucher oder Halbsträucher, aber es gibt Ausnahmen. In der Karibik und Brasilien erreicht die »Hyptis membranacea« die unglaubliche Höhe von bis zu 15 Metern.

Wie kommt die Katzenminze zu ihrem Namen? Zieht sie Katzen wirklich magisch an?
Katzen werden durch den Duft des Inhaltsstoffes Nepetalacton von den Pflanzen angezogen. Dieser Duft hält allerdings gleichzeitig auch die Stechmücken fern.

Besitzt die Pfefferminze die Fähigkeit, unsere Haut abzukühlen?
Das Menthol der Pfefferminze hat eine spezielle Wirkung auf unsere Nerven, die bei äußerer Anwendung ein Kältegefühl auf der Haut erzeugt, was aber nach einiger Zeit einem Brennen weicht.
In sehr heißen Gegenden wird Pfefferminztee heiß und süß getrunken, weil er innerlich abkühlt.

Enthalten alle Minzen Menthol?
Nicht alle Minzen enthalten Menthol. Die Arten mit den mehr oder weniger flaumig behaarten Blättern enthalten weniger oder kein Menthol, wie z.B. die Apfelminze.

Ist die Bergminze auch eine Gewürzminze?
In Italien verwendet man diese Minze in der Küche wie die Petersilie.

Wie ist die Minze entstanden?
Laut der griechischen Mythologie verdankt sie ihre Entstehung angeblich einem Eifersuchtsdrama. Es heißt, Persephone habe aus Eifersucht die von Pluto geliebte Nymphe Minthe in die Pflanze Minze verwandelt.

Salbei – gesund und gefährlich gleichermaßen?

Im Volksmund heißt es: »Warum soll ein Mensch sterben, in dessen Garten Salbei wächst?«

Stimmt es, dass Salbei das Gehirn stärkt?
Ja, Wissenschaftler aus England haben nachgewiesen, dass das ätherische Öl des Salbeis den Abbau des Botenstoffes Acetylcholin im Gehirn verhindert. Acetylcholin ist einer der wichtigsten Neurotransmitter (Botenstoffe) im menschlichen Körper, der eine zentrale Rolle im vegetativen Nervensystem spielt, das lebenswichtige Funktionen wie Atmung und Herzschlag steuert.

Kann der Verzehr von Salbei auch gefährlich sein?
In höherer Dosis verzehrt ist Salbei auch gefährlich, denn er enthält auch das Nervengift Thujon.

Wann ist der Salbei besonders heilkräftig?
Kurz vor der Blüte weisen die Blätter den höchsten Gehalt an ätherischem Öl auf.

Borretsch – ein geheimes Aphrodisiakum

Den Blüten des Borretsch sagt man eine ganz besondere Fähigkeit nach.

Welche ist es?
Die Borretsch-Blüten besitzen Inhaltsstoffe, die die Lust von Mann und Frau steigern. Dies wurde in wissenschaftlichen Untersuchungen festgestellt.
Deswegen sollten kleine Kinder nicht zuviel davon naschen.

Spitzwegerich – der »Fußabdruck des weißen Mannes«

Als die Europäer nach Amerika einwanderten, nahmen sie unbewusst unter ihren Schuhen auch den Samen des Spitzwegerich mit und säten die Pflanze am Wegesrand unwissentlich aus.
Die Indianer erkannten, als der Spitzwegerich zu keimen und zu wachsen begann, dass es etwas mit den Neuankömmlingen zu tun haben musste.
Zunächst waren sie sehr beunruhigt, weil sie vermuteten, die Pflanze könne giftig sein. Doch die Europäer beruhigten sie und erzählten ihnen von der großartigen Heilkraft des Spitzwegerich.
So erhielt die Pflanze den Namen »Fußabdruck des weißen Mannes«.

Schlüsselblumen – Himmelsschlüssel

Warum warnte man früher die Kinder davor, Schlüsselblumen abzubrechen?

Dazu ein Gedicht nach Heinrich Waggerl:

Wenn Gott zum Osterfest
die Himmelsschlüssel sprießen lässt,
für jede arme Seele einen,
dann finden aber jene keinen,
die schon bei Lebzeiten sich erkecken
und welche auf die Hüte stecken.
Die müssen weiter auf den harten
Gußeisenkreuzen warten.
Oh Mensch, denk an dein Grab,
brich keine Schlüsselblume ab.

Warmes Salzwasser gegen Hämatome

Zur Behandlung von Hämatomen eignen sich hervorragend warme Salzwasserumschläge. Dazu reichlich Salz in einem Kochtopf mit Wasser auflösen und dann die Umschläge so warm, wie es noch als angenehm empfunden wird, auf die betroffene Stelle legen.
Das Salz resorbiert das Blut und lindert den durch das Hämatom entstehenden Druck.

Hustensirup aus Tannenspitzen

Zutaten: frische Tannentriebe (1 l Messbecher), 1 l Wasser, 500 g Waldhonig/brauner Zucker, 1–2 TL Zitronensaft

Zubereitung: Das Wasser mit den Tannentrieben zum Kochen bringen, kurz aufkochen und dann abgedeckt bis zu 2 Tage ziehen lassen. Nach den 2 Tagen die Brühe abseihen, dann den Honig/braunen Zucker und den Zitronensaft dazugeben, alles noch einmal kurz aufkochen und heiß in saubere kleine Fläschchen füllen.

Besonderheit: Frische Tannentriebe schmecken lecker im Obstsalat. Sie sind Vitamin C-haltig und geben dem Obstsalat ein leicht säuerliches Aroma.

Wirsing gegen stumpfe Verletzungen/Blutergüsse/Entzündungen

Blätter von einem Bio-Wirsing nehmen und mit einem Nudelholz darüber rollen, bis die Adern im Blatt sich öffnen. Dann die Strünke entfernen, das Blatt auf die Verletzung/Entzündung legen, mit einer elastischen Binde umwickeln und über Nacht einwirken lassen. Am nächsten Tag das Blatt entfernen und die Stelle abwaschen.

Wirsing gegen Erkältung und zur Gesichtspflege

Blätter von einem Bio-Wirsing in Streifen schneiden und in einem Kochtopf 1 Liter Wasser zum Kochen bringen. Den klein geschnittenen Wirsing ins kochende Wasser geben und 10 Minuten kochen lassen. Danach alles absieben und den Sud in eine Schüssel geben. Mit einem Handtuch den Kopf bedecken und das Gesicht und die Atemwege bedampfen lassen. Hilft bei Erkältung, Grippe und gegen Falten.

Beinwell gegen Verstauchungen und Blutergüsse

Ein bis zwei Beinwellblätter werden mit dem Nudelholz einige Male überrollt, dann wird der Strunk entfernt und das Blatt auf den Bluterguss gelegt. Vorher die Haut gut eincremen, denn das Blatt hat eine sehr raue Struktur. Alles mit einer Bandage umwickeln und einige Stunden einwirken lassen.

Beinwell-Tinktur

Die Wurzeln des Beinwell im Herbst ausgraben, gut säubern und klein schneiden. Eine gut verschließbare Flasche bis zur Hälfte mit den klein geschnittenen Beinwellwurzeln füllen und mit 38–40 %igem Korn oder Obstbranntwein übergießen. Die Wurzeln sollten gut vom Alkohol bedeckt sein. Die Flasche verschließen und für mindestens 14 Tage an einem warmen Platz (20 °C) stehen lassen. Die Tinktur wird sehr dunkel. Nach 14 Tagen die Flüssigkeit absieben und in kleine Flaschen umfüllen.
Beinwell-Tinktur hilft sehr gut bei Problemen mit den Gelenken und Sehnen, insbesondere nach Verletzungen erholen sich die Sehnen sehr schnell. Bei regelmäßiger Anwendung bleiben die Sehnen geschmeidig und belastbar.

Beinwell-Mehl

Die Wurzeln des Beinwell im Herbst ausgraben, gut säubern und klein schneiden. Die Scheiben bei 30–50 °C im Backofen vollständig trocknen und danach in einem Mixer oder einer Kaffeemühle zerkleinern.
Aus dem Mehl kann dann bei Bedarf ein Breiumschlag hergestellt werden. Das Mehl mit Wasser zu einem Brei anrühren und auf ein Baumwoll-Handtuch auftragen. Dieses dann auf die Verletzung legen. Besonders Brüche heilen so schneller.

Pflanzenbrei aus Beinwell , Labkraut oder Wirsing

Die Stängel und Blätter auf einem gut zu reinigenden Brett mit einem Nudelholz zu einem Brei zerkleinern und dann in ein Leinen- oder Baumwolltuch streichen. Den Umschlag über Nacht auf die erkrankte Körperstelle legen.

Blütenöle

Einige Pflanzen lassen sich sehr gut in Olivenöl einlegen. Dazu die Blüten/Kräuter in eine Flasche füllen und mit Olivenöl auffüllen, bis sie vollständig bedeckt sind. Die Flaschen 14 Tage lang in die Sonne stellen, danach absieben, umfüllen und kühl und dunkel lagern. Besonders eignen sich die Blütenköpfe von Ringelblumen und Löwenzahn, aber auch Brennnesselblätter. Bei Löwenzahnblüten ab und an die Luft aus der Flasche schütteln. Beim Einreiben mit dem Öl werden die heilenden Stoffe über die Haut aufgenommen. Ringelblüten-Öl eignet sich bei gereizter und extrem trockener Haut, Löwenzahn-Öl hilft gegen Gelenkschmerzen.

Salben

Für die Herstellung von Salben 500 g Bio-Schweineschmalz erhitzen und zwei Doppelhände der gewünschten Kräuter in das heiße Fett geben. Dies dann kurz aufschäumen lassen (es prasselt sehr stark), vom Herd wegziehen und über Nacht stehen lassen. Am nächsten Tag wird die erkaltete Fett-Kräuter-Masse leicht erhitzt, abgefiltert und in vorbereitete Gläser/Töpfe gegeben.
Statt Schweineschmalz kann auch Butterschmalz verwendet werden.

Ringelblumensalbe hilft gegen Hautreizungen, leichte Verbrennungen und oberflächliche Wunden. Salben mit Blüten von Löwenzahn, Veilchen und vom Giersch helfen gegen Schmerzen in den Gelenken, Rheuma und Gicht.
Ringelblumensalbe kann auch mit Minze zubereitet werden, dann ist sie erfrischend und hat eine kühlende Wirkung.

Knoblauch-Zitronen-Kur zur Säuberung der Venen

Zutaten: 21 Bio-Knoblauch-Zehen, 3 Bio-Zitronen, 1 l Wasser

Zubereitung: Das Wasser zum Kochen bringen und die geschälten Knoblauchzehen mit den 3 Zitronen, die mit Schale zerkleinert werden, in das kochende Wasser geben. Alles kräftig aufkochen und heiß durch ein Sieb in Flaschen abfüllen. Diese dann später in den Kühlschrank stellen.
Anwendung: 21 Tage lang täglich 2 ml (1 kleines Schnapsglas) vor der Mahlzeit am Mittag trinken. Dann eine Pause von 21 Tagen einlegen und die Kur noch einmal 21 Tage lang wiederholen. Wichtig ist, dass die Pause eingehalten wird. Diese Kur sollte nur einmal im Jahr und dann immer zur gleichen Zeit gemacht werden.

Hausmittel gegen Erkältung und starken Husten

1 Tasse Milch erhitzen, den Saft von 3 Bio-Zitronen, 1 EL Butter und eine Prise Salz hineingeben. Vor dem Schlafengehen trinken.

Cystus – der Alleskönner

Cystus ist ein Antioxidans und wirkt als sogenannter Radikalfänger, das heißt, er verlangsamt oder verhindert die Oxidation anderer Substanzen im Körper.

Cystus kann als Tee getrunken werden. Dazu 10 g pro Liter 5 Minuten ziehen lassen und bei Erkältung über den Tag verteilt trinken. Alternativ 10 ml Sud auf einen Liter Wasser 10 Minuten kochen lassen.
Er ist ebenfalls als Lutsch-Tablette in den Apotheken zu erhalten.
Regelmäßig angewendet verbessert er im Körper unter anderem die Knochendichte, die Darmflora, stärkt das Herz und den Kreislauf und hilft gegen Mandelentzündung, Akne, Viruserkrankungen und beugt Darmkrebs vor. Weitere Informationen finden sich im Internet.

Zwiebel gegen Verbrennungen

Bei Verbrennungen 1. Grades eine Zwiebel halbieren und vorsichtig über die Verbrennung reiben. Sie kühlt und hat gleichzeitig eine antiseptische Wirkung.

Spitzwegerich-Sirup gegen Atemwegserkrankungen

Zutaten:
2 gehäufte Doppelhände Blätter vom Spitzwegerich,
300 g Rohrzucker oder 250 g Bienenhonig

Zubereitung:

Die Blätter waschen und mit Hilfe einer Salatschleuder trocknen. Dann mit der Kräutermühle oder einem Wiegemesser fein zerkleinern. Die Kräuter dann mit dem Rohrzucker/Bienenhonig und etwas Wasser in einen Topf geben und bei starker Hitze kurz sieden lassen.
Noch heiß in Gläser füllen und am besten im Kühlschrank aufbewahren.

Anwendung:
Täglich vor jeder Mahlzeit nehmen Erwachsene 1 EL, Kinder 1 TL ein.
Bei Allergien gegen Kreuzblütler sollte darauf verzichtet werden.

Spitzwegerich-Sirup, vergraben

Zutaten:
2 gehäufte Doppelhände Blätter vom Spitzwegerich,
300 g Rohrzucker

Zubereitung:
Die Blätter waschen und mit Hilfe einer Salatschleuder trocknen. Dann die Blätter schichtweise mit dem Rohrzucker in dem Einmachglas fest zusammenpressen. So lange täglich fortfahren, bis das Glas komplett gefüllt ist.
Dann das sicher verschlossene Glas im Garten in einem Loch vergraben, das so tief ist, dass der Deckel nicht mehr über dem Boden zu sehen ist. Alles gut abdecken und ein Brett mit einem Stein zur Befestigung auf die Stelle legen.
Nun beginnt der Gärungsprozess. Durch die gleichmäßige Erdwärme vergären die Blätter mit dem Zucker zu einem Sirup. Nach drei Monaten kann man das Glas aus der Erde holen und den Saft durch eine Fruchtpresse (ein Küchenhandtuch ist dafür nicht geeignet) pressen und auf dem Herd gut aufkochen. Danach direkt in gut verschließbare Gläser abfüllen.

Anwendung:
Täglich vor jeder Mahlzeit nehmen Erwachsene 1 EL, Kinder 1 TL ein. Bei Allergien gegen Kreuzblütler sollte darauf verzichtet werden.

Spitzwegerich gegen Insektenstiche

Bei Insektenstichen nimmt man ein Blatt vom Spitzwegerich, zerdrückt es zwischen Daumen und Zeigefinger und reibt den ausgetretenen Saft auf die Einstichstelle

Die Autorinnen

Ulrike Puderbach, geb. 1972 in Wuppertal, hat bereits mehrere Krimis und ein Kinderbuch geschrieben. In der Reihe der Hannover-Krimis sind »Eiskalte Erinnerung«, »Blinder Hass«, »Abpfiff«, »Bittere Vergeltung«, »Mord im Eifelpark« und »Todesengel« erschienen, das Kinderbuch »Der Schängel-Schatz« spielt in Koblenz.

Ingrid Runkel, geb. 1950 in Huf/Horhausen, leitet Naturschutz- und Ernährungs-AGs in der Grundschule und bringt ihr enormes Wissen über die Natur in dieses Buch mit ein. Sie leitet den Verein Flora Fauna in Rengsdorf und verfügt über ein beeindruckendes Wissen über Kräuter und Ernährung. Viele der in diesem Buch erwähnten Kräuter können im Kinderkräutergarten des Flora Fauna e.V. bewundert werden.

Rezept-Register

Bildnachweis

Illustrationen Zwerge: maryna rodyukova/shutterstock.com
Illustration Gras: OpenClipart-Vectors/pixabay.com
S. 18, 19, 22, 23 l., 29, 47, 48, 54, 55, 58, 70, 77, 80, 85, 93 r., 94, 96, 99 l., 101 l., 102 r., 104, 107, 109 m., 110 l., 112, 114, 116, 120, 123 r., 125 m., 125 r., 126, 131, 133, 135, 138, 139: Ulrike Puderbach
S. 7: arembowski/pixaby.com
S. 11: Schwarzenarzisse/pixabay.com
S. 15, 36, 73: PublicDomainPictures/pixabay.com
S. 23 r., 104: zrenate/pixabay.com
S. 31.: Lebensmittelfotos/pixabay.com
S. 32: jacsleighton19/pixabay.com
S. 43: Gellinger/pixabay.com
S. 99 r.: Raju Jangid/wikipedia
S. 44: maxmann/pixabay.com
S. 51: DarkWorkX/pixabay.com
S. 63, 87: congerdesign/pixabay.com
S. 75: Capri23auto/pixabay.com
S. 82, 88: RitaE/pixabay.com
S. 93 l.: MabelAmber/pixabay.com
S. 101 r.: Schwoaze/pixabay.com
S. 102 l., 118 m.: Hans/pixabay.com
S. 102 m.: silviarita/pixabay.com
S. 109 l., 125 l.: HansLinde/pixabay.com
S. 109 r.: ZooFari/wikipedia
S. 110 m.: filmbetrachterin/pixabay.com
S. 110 r.: KENPEI/wikipedia
S. 118 l, 123 l.: Franz-Josef Dosio (Beinwell, Bärlauch, Löwenzahn, Rhein-Mosel-Verlag, 2013)
S. 118 r.: Stefan.lefnaer/wikipedia